RUSSIAN BY SUBJECTS

RUSSIAN BY SUBJECTS
PATRICK WADDINGTON

RUSSIAN
STUDIES

PUBLISHED BY BRISTOL CLASSICAL PRESS
GENERAL EDITOR: JOHN H. BETTS
RUSSIAN TEXTS SERIES EDITOR:
NEIL CORNWELL

Previously published in Great Britain by
Bradda Books Ltd, 1974
Basil Blackwell, 1984

This edition first published in 1992
by Bristol Classical Press
an imprint of
Gerald Duckworth & Co. Ltd
The Old Piano Factory
48 Hoxton Square, London N1 6PB

Reprinted 1998

A catalogue record for this book is available
from the British Library

ISBN 1-85399-246-1

Available in USA and Canada from:
Focus Information Group
PO Box 369
Newburyport
MA 01950

Printed in Great Britain by
Booksprint, Bristol

Preface

This book contains some two thousand words. The categories, though roughly equal in length, are of varying difficulty and importance. In such a book as this, moreover, nouns tend to predominate: they fall more naturally into subject groups than verbs or adjectives. The words included are all important ones, however, and the student who knows them all has acquired a very useful basic vocabulary.

The categories are grouped in such a way as to form a basis for elementary essay-writing, oral work, or revision. They may also of course be learned by rote if this is considered desirable. As some words fall into several categories, there is a certain amount of overlapping; this has been reduced to a minimum in the interests of space, and there is also some cross-reference to avoid repeating irregularities. For the same reason, a few of the entries (e. g. pronouns) must be explained more fully by the teacher or studied in a grammar book.

Irregularities of form and stress are given where they are basic. Verbs are given with the imperfective aspect first; when no perfective is commonly used, the imperfective only is listed. The first and second persons singular (and occasionally also other forms) are given in the case of an irregular verb. With nouns, the genitive singular is listed only when there is a change of stress or stem; irregular plurals are given in the nominative and genitive (occasionally also in the dative); the accusative singular is given if its stress is different from that of the nominative. The words "use на" mean that на is used with such nouns where в might be expected. Common locative forms in –ý are also given.

Patrick Waddington.
Queen's University of Belfast, 1965.

Abbreviations

A.	accusative
adj.	adjective
adv.	adverb
comp.	comparative
cond.	conditional
D.	dative
def.	definite
f.	feminine
G.	genitive
I.	instrumental
indec.	indeclinable
indef.	indefinite
inf.	infinitive
intrans.	intransitive
ipf.	imperfective
m.	masculine
N.	nominative
n.	neuter
P.	prepositional
pf.	perfective
pl.	plural
pr.	pronounced as
prep.	preposition
pron.	pronoun
s.	singular
sb.	somebody
sth.	something
subj.	subjunctive
trans.	transitive

Contents

бог (*pr.* бох)	God
приро́да	nature
ко́смос	space
звезда́ (*pl.* звёзды)	star
со́лнце	sun
луна́	moon
плане́та	planet
спу́тник	satellite
земля́ (зе́млю земли́)	earth, land
свет	1. light
	2. world (*the earth*)
мир	world (*creation, society, civilisation, etc.*)

вода́ (во́ду воды́)	water
лёд (льда; на/во льду́)	ice
волна́ (*pl.* во́лны волна́м)	wave
океа́н	ocean
мо́ре (*pl.* моря́ море́й)	sea
на мо́ре	to the sea(side); at sea
у мо́ря	at the seaside, by the sea
о́зеро (*pl.* озёра)	lake
кана́л	canal
река́ (ре́ку реки́; *pl.* ре́ки река́м)	river
о́стров (*pl.* –а́ –о́в)	island
бе́рег (на берегу́; *pl.* –а́ –о́в)	bank, shore, side
течь (течёт теку́т; тёк текла́)	to flow, run

3

горá (гóру горы́; *pl.* гóры горáм)	mountain, (*high*) hill
долина	valley
степь *f.* (в степи́; *pl.* –и –éй)	steppe
пóле (*pl.* поля́ полéй)	field
луг (на лугý; *pl.* –á –óв)	meadow
лес (в лесý; *pl.* –á –óв)	wood, forest
дерéвня	country(side)
пусты́ня	desert
тýндра	tundra (*frozen Arctic plain*)
тайгá	taiga (*marshy pine forest*)
дорóга	road
путь *m.* (пути́ путём)	way, path

4

климат	climate
погóда	weather
температýра	temperature
грáдус	degree
морóз	frost
снег (в/на снегý)	snow
дождь *m.* (дождя́)	rain
тумáн	mist, fog
тýча	cloud (*large and black*)
óблако (*pl.* –á –óв)	cloud (*of other kinds*)
замерзáть/замёрзнуть (замёрзнет; замёрз –ла)	to freeze (*pf. past also* to be frozen)
тáять/растáять ([рас]тáет)	to thaw, melt

5

нéбо	sky
вóздух	air
вéтер (вéтра)	wind
бýря	storm
грозá (*pl.* грóзы)	thunderstorm
гром	thunder
мóлния	lightning
луч (лучá)	ray

тень *f.* (в тени; *pl.* –и –éй)	shadow, shade
светить (свéтит)	to shine
сиять	to shine (*brightly*)
дуть/подуть (ду́ет)	to blow

6

жа́ркий (*сотр.* жа́рче)	hot
тёплый (тепло́; *сотр.* теплéе)	warm
прохла́дный	cool, fresh
свéжий (свежо́; *сотр.* свежéе)	fresh, cool
холо́дный (хо́лодно; *сотр.* –нéе)	cold
сухо́й (су́хо)	dry
сыро́й (сы́ро)	damp, wet
мо́крый	wet
дождли́вый	rainy
я́сный	clear, fine, fair
я́ркий	bright
со́лнечный	sunny
жа́рко/тепло́, *etc.*	it is hot/warm, *etc.*

7

Кака́я сего́дня пого́да?	What's the weather like today?
Пого́да хоро́шая/жа́ркая, *etc.*	The weather is fine/hot, *etc.*
Идёт дождь/снег.	It's raining (rains)/it's snowing (snows).
Стои́т си́льный моро́з.	There's a hard frost.
Сего́дня тума́н.	It's foggy today.
Греми́т гром.	It's thundering.
Со́лнце скры́лось/зашло́/взошло́.	The sun has gone in/set/risen.
Жа́рко на дворé.	It's hot out(side).
на (откры́том) во́здухе.	outside, in the fresh air
на со́лнце	in the sun(shine)

8

дéрево (*pl.* дерéвья –ьев)	tree
ёлка (*G. pl.* ёлок)	fir'Christmas tree

сосна́ (*pl.* со́сны со́сен)	pine
то́поль *m.* (*pl.* –я́ –е́й)	poplar
дуб (*pl.* дубы́)	oak
бук	beech
берёза	birch
ли́па	lime
и́ва	willow
оси́на	aspen
я́блоня	apple-tree

9

ве́тка (*G. pl.* ве́ток)	branch
лист (*pl.* ли́стья –ьев)	leaf
ко́рень *m.* (*pl.* ко́рни –е́й)	root
оре́х	nut
куст (куста́)	bush
трава́	grass
пшени́ца	wheat
рожь *f.*	rye
кукуру́за	maize
рис	rice

10

расте́ние	plant
цвето́к (цветка́; *pl.* цветы́)	flower
ро́за	rose
ла́ндыш	lily of the valley
сире́нь *f.*	lilac(s)
фиа́лка (*G. pl.* фиа́лок)	violet
гвозди́ка	carnation(s)
мак	poppy
расти́/вы́расти (*see* 40)	to grow
цвести́/расцвести́ (цветёт; цвёл цвела́; расцветёт, *etc.*)	to flower, bloom, be in flower

11

фру́кты (фру́ктов)	fruit
я́блоко (*pl.* я́блоки я́блок)	apple

4

гру́ша	pear
сли́ва	plum
апельси́н	orange
лимо́н	lemon
абрико́с	apricot
пе́рсик	peach
бана́н	banana
ды́ня	melon
арбу́з	water-melon

12

я́года	berry
виногра́д	grapes
ви́шня (*G. pl.* ви́шен)	cherry
клубни́ка	(garden) strawberry/–ies
земляни́ка	(wild) strawberry/–ies
мали́на	raspberry/–ies
крыжо́вник	gooseberry/–ies
сморо́дина	currants (*red, black, etc.*)
сад (в саду́)	garden
огоро́д	vegetable-garden, kitchen-garden

13

о́вощи (овоще́й)	vegetables
карто́фель *m.*	potatoes
капу́ста	cabbage
помидо́р	tomato
лук	onion(s)
огуре́ц (огурца́)	cucumber
свёкла	beetroot
морко́вь *f.*	carrots
горо́х	peas
фасо́ль *f.*	beans
гриб (гриба́)	mushroom

14

живо́тное (–ного)	animal
ди́кий	wild

дома́шний	tame, domestic
коро́ва	cow
бык (быка́)	bull
вол (вола́)	ox
овца́ (*pl.* о́вцы ове́ц)	sheep
бара́н	ram
коза́ (*pl.* ко́зы)	goat (she-, nanny)
козёл (козла́)	goat (he-, billy)
свинья́ (*pl.* сви́ньи свине́й)	pig

15

ло́шадь *f.* (*pl.* –и –е́й -ьми́)	horse
осёл (осла́)	ass, donkey
верблю́д	camel
соба́ка	dog
ко́шка (*G. pl.* ко́шек)	cat
кот (кота́)	tomcat
телёнок (телёнка; *pl.* теля́та –я́т)	calf
ягнёнок (ягнёнка; *pl.* ягня́та –я́т)	lamb
котёнок (котёнка; *pl.* котя́та –я́т)	kitten
щено́к (щенка́; *pl.* –ки́ –ко́в *or* щеня́та –я́т)	puppy

16

зверь *m.* (*pl.* –и –е́й)	beast, wild animal
лев (льва)	lion
тигр	tiger
слон (слона́)	elephant
медве́дь *m.*	bear
оле́нь *m.*	deer
волк (*pl.* –и –о́в)	wolf
лиси́ца	fox
за́яц (за́йца)	hare
обезья́на	monkey

бéлка (*G. pl.* бéлок)	squirrel
ёж (ежá)	hedgehog
кры́са	rat
мышь *f.* (*pl.* –и –éй)	mouse
змея́ (*pl.* змéи змей)	snake
лягу́шка (*G. pl.* лягу́шек)	frog
ры́ба	fish
лáпа	paw, foot
хвост (хвостá)	tail
лáять/залáять ([за]лáет)	to bark
кусáть/укуси́ть (уку́сит)	to bite

пти́ца	bird
ку́рица (*pl.* ку́ры)	hen
пету́х (петухá)	cock
у́тка (*G. pl.* у́ток)	duck
гусь *m.* (*pl.* –и –éй)	goose
лéбедь *m.* (*pl.* –и –éй)	swan
воробéй (воробья́)	sparrow
ворóна	crow
лáсточка (*G. pl.* –чек)	swallow
гóлубь *m.* (*pl.* –и –éй)	pigeon, dove
чáйка (*G. pl.* чáек)	gull
орёл (орлá)	eagle

гнездó (*pl.* гнёзда)	nest
перó (*pl.* пéрья –ьев)	feather
крылó (*pl.* кры́лья –ьев)	wing
насекóмое (–мого)	insect
бáбочка (*G. pl.* –чек)	butterfly, (*large*) moth
му́ха	fly
пчелá (*pl.* пчёлы)	bee
жук (жукá)	beetle
муравéй (муравья́)	ant
пау́к (паукá)	spider
паути́на	(spider's) web

20

водоро́д	hydrogen
кислоро́д	oxygen
мета́лл	metal
желе́зо	iron
сталь *f.*	steel
медь *f.*	copper, brass
серебро́	silver
зо́лото	gold
алюми́ний	aluminium
электри́чество	electricity
газ	gas
бензи́н	petrol

21

нефть *f.*	oil
песо́к (песка́)	sand
у́голь *m.* (у́гля)	coal
ка́мень *m.* (ка́мня; *pl.* –и –е́й)	stone
кирпи́ч (кирпича́)	brick(s)
стекло́	glass
де́рево	wood
сукно́	cloth
шерсть *f.*	wool
шёлк	silk
ко́жа	leather
мех	fur

22

желе́зный	iron
стально́й	steel
электри́ческий	electric
га́зовый	gas
ка́менный	stone
кирпи́чный	brick
стекля́нный	glass
деревя́нный	wooden
шерстяно́й	wool, woollen

ко́жаный	leather
меховой	fur

23

вещь *f.* (*pl.* –и –е́й)	thing
предме́т	object, article
де́ло (*pl.* дела́)	affair, matter, business
род	kind, sort
вся́кого ро́да	all kinds of
сорт (*pl.* –а́ –о́в)	sort, brand, make
вид	1. species, type, sort
	2. aspect, look, appearance
за́пах	smell
звук	sound
шум	noise
знак	sign

24

ва́жный	important
вели́кий	great
гла́вный	main, chief, principal
действи́тельный	real, actual
настоя́щий	real, genuine
пра́вильный	correct, right, proper
о́бщий	common, general
обыкнове́нный	ordinary, usual
интере́сный	interesting
ску́чный (*pr.* –шн–)	dull, boring
изве́стный	(well-)known

25

прия́тный	pleasant, nice
краси́вый	pretty, beautiful, handsome, lovely
прекра́сный	fine, beautiful
поле́зный	useful
удо́бный	suitable, convenient; comfortable

удиви́тельный	surprising, wonderful, amazing
чуде́сный	marvellous, wonderful
стра́шный	awful, terrible
ужа́сный	horrible, terrible
смешно́й	funny

26

но́вый	new
ста́рый	old
тру́дный	hard, difficult
лёгкий (*adv.* легко́; *comp.* ле́гче; г *pr.* х)	easy
просто́й (*adv.* про́сто)	simple; plain
твёрдый (*comp.* твёрже)	hard, firm, solid
мя́гкий (*comp.* мя́гче; г *pr.* х)	soft
гро́мкий (*comp.* гро́мче)	loud
ти́хий (*comp.* ти́ше)	quiet, silent; calm, peaceful
хоро́ший (*adv.* хорошо́; *comps.* лу́чше, лу́чший)	good, fine (*adv.* well; *comp.* better; *long form also superl.* best)
плохо́й (*adv.* пло́хо; *comps.* ху́же, ху́дший)	bad (*comp.* worse; *long form also superl.* worst)

27

цвет (*pl.* цвета́ –о́в)	colour
Како́го цве́та ...?	What colour is ...?
цветно́й	coloured, in colours
бе́лый	white
чёрный	black
се́рый	grey
све́тлый	light
светло́	it is light
тёмный	dark
темно́	it is dark
све́тло–	light–
тёмно–	dark–

10

кра́сный	red
жёлтый	yellow
зелёный	green
кори́чневый	brown
си́ний	blue
голубо́й	light blue
фиоле́товый	violet
ро́зовый	pink
ора́нжевый	orange
золото́й	gold, golden

29

челове́к (*G. pl.* челове́к *after numerals, otherwise pl.* лю́ди людёй лю́дям/–х людьми́)	man, person (*pl.* people)
мно́го людёй	a lot of people (*as individuals*)
мно́го наро́ду	a lot of people (*as a crowd*)
ребёнок (ребёнка; *pls.* дёти детёй дётям/–х детьми́ *and* ребя́та ребя́т ребя́там)	child (*the second pl. is used when addressing children*)
ма́льчик	boy
дёвочка (*G. pl.* –чек)	girl (*before puberty*)
ю́ноша (*G. pl.* ю́ношей)	youth, young man
дёвушка (*G. pl.* –шек)	girl (*after puberty*)
мужчи́на	man
жёнщина	woman
стари́к (старика́)	old man

30

рожде́ние	birth
день рожде́ния	birthday
дётство	childhood
мо́лодость *f.*	youth (*the period*)
молодёжь *f.*	youth, young people
во́зраст	age (*period in life; cf.* 147)

жизнь *f.*	life
образ жизни	way of life
смерть *f.*	death
родиться *ipf./pf.*	to be born
жить (живу живёшь)	to live
умирать/умереть (умру умрёшь; умер умерла умерли)	to die (*pf. past also* to be dead)

31

человеческий	human
мужской	men's, man's, male
женский	women's, woman's, female
детский	children's, child's
молодой (молод/–ы молода; *сотр.* моложе, младший)	young (*short forms also* too young; *long. comp. also* junior)
юный	youthful; young (*in one's teens*)
взрослый	grown-up, adult (*adj. and noun*)
пожилой	elderly, getting on (in years)
старый (*сотр.* старше, старший)	old (*long comp. also* elder, senior)
живой	alive, live, living; lively
мёртвый	dead

32

семья (*pl.* семьи семей)	family
родственник	relative, relation
родной	native, own
родные	relations, one's people
родители	parents
отец (отца)	father
папа	dad
мать (матери матерью; *pl.* –ри –рей)	mother
мама	mum
муж (*pl.* мужья мужей)	husband

жена́ (*pl.* жёны)	wife
брат (*pl.* бра́тья –ьев)	brother
сестра́ (*pl.* сёстры сестёр)	sister

33

сын (*pl.* сыновья́ сынове́й)	son
дочь (до́чери до́черью; *pl.* –ри –ре́й –рьми́)	daughter
де́душка (*G. pl.* –шек)	grandfather, granddad
ба́бушка (*G. pl.* –шек)	grandmother, grandma
внуча́та (внуча́т)	grandchildren
внук	grandson
вну́чка (*G. pl.* –чек)	granddaughter
дя́дя (*G. pl.* дя́дей)	uncle
тётя (*G. pl.* тётей)	aunt

34

племя́нник	nephew
племя́нница	niece
двою́родный брат	cousin (*male*)
двою́родная сестра́	cousin (*female*)
жена́тый (на + *P.*)	married (*of couple or man; to sb.*)
за́мужем (за + *I.*)	married (*of woman to sb.;*)
жени́ться (*ipf./pf.*) (женю́сь же́нишься; на + *P.*)	to marry, get married (*of couple or man; to sb.*)
выходи́ть/вы́йти за́муж (за + *A.*)	to marry, get married (*of woman; to sb.; see* 46 *and* 44)
сва́дьба (*use* на)	wedding

35

и́мя *n.* (и́мени и́менем; *pl.* имена́ имён)	name (*complete name or first name*)
о́тчество	patronymic
фами́лия	surname
звать	to call, name
Как вас зову́т?	What is your name / are you called?
Меня́ зову́т —.	My name is / I'm called —.

Екатери́на/Ка́тя	Yekaterina / Katya (Katharine / Kate)
Елизаве́та/Ли́за	Yelizaveta / Liza (Elizabeth / Liz)
Любо́вь/Лю́ба	Lyubov / Lyuba (Love)
Мари́я/Ма́ша	Mariya / Masha (Mary)
Наде́жда/На́дя	Nadezhda / Nadya (Hope)
Ни́на	Nina
О́льга/О́ля	Olga / Olya
Тама́ра	Tamara
Татья́на/Та́ня	Tatyana / Tanya

36

Алекса́ндр/Са́ша	Alexander / Sasha (Alec)
Алексе́й/Алёша	Aleksey / Alyosha (Alexis)
Бори́с/Бо́ря	Boris / Borya
Васи́лий/Ва́ся	Vasily / Vasya (Basil)
Влади́мир/Воло́дя	Vladimir / Volodya
Григо́рий/Гри́ша	Grigory / Grisha (Gregory)
Ива́н/Ва́ня	Ivan / Vanya (John)
Константи́н/Ко́стя	Konstantin / Kostya (Constantine)
Михаи́л/Ми́ша	Mikhail / Misha (Michael / Mike)
Никола́й/Ко́ля	Nikolay / Kolya (Nicholas)
Па́вел	Pavel (Paul)
Пётр/Пе́тя	Pyotr / Petya (Peter)
Серге́й/Серёжа	Sergey / Seryozha
Фёдор/Фе́дя	Fyodor / Fedya (Theodore)

37

те́ло (*pl.* тела́)	body
плечо́ (*pl.* пле́чи плеч плеча́м)	shoulder
грудь *f.* (в/на груди́)	chest, breast
спина́ (спи́ну спины́)	back
бок (на боку́; *pl.* –а́ –о́в)	side

живóт (животá)	belly, abdomen, stomach
рукá (рýку рукú; *pl.* рýки рукáм)	arm; hand
лóкоть *m.* (лóктя; *pl.* –и –éй)	elbow
ладóнь *f.*	palm (of the hand)
пáлец (пáльца)	finger; toe
ногá (нóгу ногú; *pl.* нóги ногáм)	leg; foot
колéно (*pl.* –ни –ней)	knee

головá (гóлову головы́)	head
шéя	neck
вóлосы (волóс волосáм)	hair
лицó (*pl.* лúца)	face
черты́ (черт)	features
лоб (лба; во/на лбý)	forehead
ýхо (*pl.* ýши ушéй)	ear
глаз (в глазý; *pl.* –á глаз –áм)	eye
бровь *f.* (*pl.* –и –éй)	eyebrow
реснúца	eyelash

нос (в/на носý)	nose
щекá (*pl.* щёки щекáм)	cheek
усы́ (усóв)	moustache
рот (рта; во ртý)	mouth
губá (*pl.* гýбы губáм)	lip
зуб (*pl.* –ы –óв)	tooth
язы́к (языкá)	tongue
бородá (бóроду бороды́)	beard
подборóдок (–рóдка)	chin
гóлос (*pl.* –á –óв)	voice
причёска	hairstyle, hairdo

кóжа	skin
кость *f.* (*pl.* –и –éй)	bone
кровь *f.* (в кровú)	blood

го́рло	throat
се́рдце	heart
лёгкие (лёгких)	lungs
желу́док (–у́дка)	stomach
движе́ние	movement
рост	height
(не)высо́кого ро́ста	tall / short
ни́зкого ро́ста	short
Како́го ро́ста?	How tall / What height?
расти́/вы́расти (расту́	to grow
растёшь; рос росла́;	
вы́расту, *etc.*)	

41

здоро́вье	health
си́лы (сил)	strength
боле́знь *f.*	illness, disease
здоро́вый	healthy, well
си́льный	strong, powerful
кре́пкий (*comp.* кре́пче)	strong (*sound, healthy*)
сла́бый (*comp.* слабе́е)	weak
глухо́й	deaf
слепо́й	blind
больно́й (бо́лен больна́)	ill, sick, diseased
бо́льно	it hurts / is painful
чу́вствовать/почу́вствовать	to feel well / ill
(–твую) себя́ хорошо́/	
больны́м)	

42

боль *f.*	pain
ка́шель *m.* (ка́шля)	cough
на́сморк	cold
грипп	flu
несча́стный слу́чай	accident
боле́ть/заболе́ть (–е́ю)	to be / fall ill
боле́ть (боли́т боля́т)	to hurt, be painful
у меня́ боли́т зуб, *etc.*	I've got toothache, *etc.*
ка́шлять/ка́шлянуть	to cough

простужа́ться/простуди́ться (-ужу́сь -у́дишься)	to catch cold (*pf. past also* to have a cold)
упа́сть в о́бморок	to faint (*see* 49)
поправля́ться/попра́виться (-влюсь -вишься)	to get better / well again

43

до́ктор (*pl.* -а́ -о́в)	doctor
врач (врача́)	doctor (*not used as a title*)
зубно́й врач	dentist
(мед)сестра́	nurse
больни́ца	hospital
поликли́ника	(poly)clinic
апте́ка	chemist's (shop)
лека́рство	medicine
ско́рая по́мощь	1. first aid 2. ambulance
вы́звать (*pf.;* вы́зову -ешь) до́ктора	to send for the doctor
звать/позва́ть (зову́ -ёшь; звала́) на по́мощь	to call for help / the ambulance

44

ходи́ть (хожу́ хо́дишь)	to walk, go, come (*indef.*)
идти́ (иду́ идёшь; шёл шла; пойти: пойду́; пошёл)	to walk, go, come (*def.*)
е́здить (е́зжу е́здишь)	to ride, drive, travel, go, come (*indef.*)
е́хать (е́ду е́дешь; пое́хать)	to ride, drive, travel, go, come (*def.*)
бе́гать	to run (*indef.*)
бежа́ть (бегу́ бежи́шь бегу́т; побежа́ть)	to run (*def.*)
пла́вать	to swim, float, sail (*indef.*)
плыть (плыву́ плывёшь; плыла́)	to swim, float, sail (*def.*)

45

летáть	to fly (*indef.*)
летéть (лечý летúшь; полетéть)	to fly (*def.*)
носúть (ношý нóсишь)	to carry (*indef.*)
нестú (несý несёшь, нёс неслá)	to carry (*def.*)
водúть (вожý вóдишь)	to lead, take; to drive (*indef.*)
вестú (ведý ведёшь, вёл велá)	to lead, take; to drive (*def.*)
возúть (вожý вóзишь)	to convey, carry, take (*indef.*)
везтú (везý везёшь, вёз везлá)	to convey, carry, take (*def.*)

46

всходúть (всхожý всхóдишь)/ взойтú (взойдý –дёшь; взошёл) (на + A.)	to climb, walk / go / come up
входúть/войтú (в + A.)	to enter, go / come in
выходúть/вы́йти (вы́йду, *etc.*) (из + G.)	to leave, go / come out
доходúть/дойтú (до + G.)	to reach, go / come as far as
отходúть/отойтú (от + G.)	to leave, walk / go / come away from
переходúть/перейтú (через + A.)	to cross, go / come across
подходúть/подойтú (к + D.)	to approach, walk / go / come up to
приходúть/прийтú (придý; пришёл) (в/на + A.)	to arrive, come
проходúть/пройтú (через + A.; мúмо + G.)	to pass, go / come through / past
сходúть/сойтú (с + G.)	to go / come down
уходúть/уйтú (из + G.)	to leave, go away

47

въезжáть/въéхать (въéду въéдешь)	to drive / go in
выезжáть/вы́ехать (вы́еду, *etc.*)	to drive / go out

доезжа́ть/дое́хать	to reach, drive / go as far as
отъезжа́ть/отъе́хать	to drive / go away from
переезжа́ть/перее́хать	to drive / go across; to move (house)
подъезжа́ть/подъе́хать	to approach, drive / go up to
приезжа́ть/прие́хать	to arrive, come
проезжа́ть/прое́хать	to pass, drive / go through / past
уезжа́ть/уе́хать	to leave, drive / go away
убега́ть/убежа́ть (убегу́ –жи́шь –гу́т)	to run away, escape
приноси́ть (приношу́ –но́сишь)/принести́ (принесу́ –несёшь; принёс принесла́)	to bring, fetch, carry in

48

де́лать/сде́лать	to do; to make
мочь/смочь (могу́ мо́жешь мо́гут; мог могла́;смогу́, *etc.*)	can, to be able
дви́гаться/дви́нуться (–усь –ешься)	to move (*intrans.*)
остана́вливать/останови́ть (–овлю́ –о́вишь)	to stop (*trans.*)
остана́вливаться/ останови́ться	to stop (*intrans.*)
повора́чивать/поверну́ть (–ну́ –нёшь)	to turn (*sth., or to change course*)
повора́чиваться/ поверну́ться	to turn (round)
поднима́ть/подня́ть (–ниму́ –ни́мешь; по́днял/–и подняла́)	to raise, lift, pick up
поднима́ться/подня́ться (на + A.) (*but* –я́лся –яла́сь –яли́сь)	to rise; to climb / go (up)
спуска́ть/спусти́ть (–ущу́ –у́стишь)	to lower, let down
спуска́ться/спусти́ться (с + G.)	to go / come down

49

лежа́ть (лежу́ лежи́шь)	to lie (down), to be (lying down)
стоя́ть (стою́ стои́шь)	to stand (up), to be (standing up)
сиде́ть (сижу́ сиди́шь)	to sit (down), to be (sitting down)
ложи́ться/лечь (ля́гу ля́жешь ля́гут; лёг легла́)	to lie down (*with movement*); to go (to bed)
станови́ться/стать (–овлю́сь –о́вишься; –а́ну –а́нешь)	to stand (*on sth., etc., with movement*)
встава́ть/встать (встаю́ встаёшь; вста́ну вста́нешь)	to stand (up; *with movement*), get up, rise
сади́ться/сесть (сажу́сь сади́шься; ся́ду ся́дешь; сел се́ла)	to sit down (*with movement*)
па́дать/упа́сть (упаду́ –дёшь; упа́л)	to fall
пры́гать/пры́гнуть, спры́гать ↘	to jump (*second pf. to jump off*)
влеза́ть/влезть (вле́зу – зешь; влез/–ла)	to climb (*up/onto sth.*), to get (*into/onto, e.g. car, bus*)

50

пря́тать/спря́тать (пря́чу пря́чешь)	to hide (*trans.*)
пря́таться/спря́таться	to hide (*intrans.*)
скрыва́ть/скрыть (скро́ю скро́ешь)	to conceal, hide (*trans.*)
скрыва́ться/скры́ться	to hide, disappear, be hidden
покрыва́ть/покры́ть (по-кро́ю –бешь)	to cover (over)
покрыва́ться/покры́ться	to be covered (over)
покры́тый	covered
появля́ться/появи́ться (появлю́сь поя́вишься)	to appear, come into view
исчеза́ть/исче́знуть (–ну –нешь; исчез/–ла)	to disappear, vanish
держа́ть (держу́ де́ржишь)	to hold, keep (hold of)

броса́ть/бро́сить (бро́шу бро́сишь)	to throw, throw away
тро́гать/тро́нуть (–ну –нешь)	to touch
лови́ть/пойма́ть (ловлю́ ло́вишь)	to catch
роня́ть/урони́ть (–оню́ –о́нишь)	to drop

51

рвать/разорва́ть, оторва́ть (рву рвёшь; рвала́)	to tear (*pfs.* to tear up, tear off)
ре́зать/наре́зать, отре́зать (ре́жу ре́жешь)	to cut (*pfs.* to slice, to cut off)
лома́ть/слома́ть	to break (*in two*; *trans.*)
лома́ться/слома́ться	to break, be broken (*in two*)
разбива́ть/разби́ть (разобью́ –бьёшь)	to break, smash (*trans.*)
разбива́ться/разби́ться	to break, be broken
ударя́ть/уда́рить	to hit
бить/поби́ть (бью бьёшь; бей)	to beat
би́ться, *etc.*	to fight; to beat (*intrans.*)
убива́ть/уби́ть (убью́ убьёшь)	to kill
класть/положи́ть (кладу́ кладёшь; клал; положу́ поло́жишь)	to put, place (*in a lying position*), to lay (*sth.* down)
ста́вить/поста́вить (–влю –вишь)	to put, place (*in a standing position*), to stand (*sth.*)
пока́зывать/показа́ть (покажу́ –а́жешь)	to show

52

брать/взять (беру́ берёшь; брала́; возьму́ возьмёшь; взяла́)	to take
вынима́ть/вы́нуть (–ну –нешь) (из + *G.*)	to take (*sth.*) out

дава́ть/дать (даю́ даёшь; да-ва́й; дам дашь даст дади́м дади́те даду́т; дал/-и дала́, не́ дал/-и)	to give
выбира́ть/вы́брать (вы́беру –берешь)	to choose, pick, select
получа́ть/получи́ть (–учу́ –у́чишь)	to receive, get, have
достава́ть/доста́ть (достаю́ –ёшь; доста́ну –нешь)	to get, fetch
иска́ть/поиска́ть (ищу́ и́щешь)	to look for, seek
находи́ть/найти́ (нахожу́ нахо́дишь; найду́ найдёшь; нашёл нашла́)	to find, come across
теря́ть/потеря́ть	to lose
пропада́ть/пропа́сть (пропа-ду́ –дёшь; пропа́л)	to be / get lost, be missing
оставля́ть/оста́вить (–влю вишь)	to leave, leave behind

53

говори́ть/сказа́ть (скажу́ ска́жешь)	to speak, talk, say, tell
молча́ть/замолча́ть (молчу́ –чи́шь)	to be / keep quiet (*pf.* to fall silent)
крича́ть/закрича́ть (кричу́ –чи́шь)	to shout
слы́шать/услы́шать (слы́шу –шишь)	to hear
слу́шать/послу́шать	to listen to
ви́деть/уви́деть (ви́жу ви́дишь)	to see
смотре́ть/посмотре́ть (смотрю́ смо́тришь)	to look; to watch
гляде́ть/погляде́ть (гляжу́ гляди́шь)	to look
замеча́ть/заме́тить (–е́чу –е́тишь)	to notice, see
дыша́ть (дышу́ ды́шишь)	to breathe

одéжда	clothes, clothing
жéнский	ladies', women's
мужскóй	men's
дéтский	children's
носи́ть (ношý нóсишь)	to wear (*in general*)
быть в (+ *P.*)	to be wearing, have on
надевáть/надéть (надéну –ешь)	to put on
снимáть/снять (снимý сни́мешь; сняла́)	to take off
одевáться/одéться (одéнусь –ешься)	to dress, get dressed
раздевáться/раздéться (раздéнусь –ешься)	to undress, get undressed, take one's clothes / hat and coat off
одéтый	dressed

пальтó (*n. indec.*)	coat, overcoat
шýба	fur coat
плащ (плаща́)	raincoat, mackintosh
костю́м	suit, costume
плáтье	dress, frock
пиджáк (пиджака́)	coat (*of suit, or* sportscoat)
жакéт	coat, jacket (*for women*)
сви́тер	sweater
брю́ки (брюк)	trousers
ю́бка (*G. pl.* ю́бок)	skirt

рубáшка (*G. pl.* –шек)	shirt
блýзка (*G. pl.* блýзок)	blouse
бельё	underwear
гáлстук	tie
носки́ (носкóв)	socks
чулки́ (чулóк чулка́м)	stockings
перчáтки (–ток –ткам)	gloves

шля́па	hat
ша́пка (*G. pl.* ша́пок)	cap *(Russian style)*
плато́к (платка́)	headscarf, shawl
(носово́й) плато́к	handkerchief
шарф	scarf

57

пижа́ма	pyjamas
хала́т	dressing-gown
воротни́к (–ника́)	collar
по́яс (*pl.* –а́ –о́в)	belt
рука́в (рукава́; *pl.* –а́ –о́в)	sleeve
карма́н	pocket
пу́говица	button
о́бувь *f.*	footwear, shoes
боти́нки (–нок –нкам)	boots; shoes (*heavy*)
ту́фли (ту́фель ту́флям)	shoes; slippers
сапоги́ (сапо́г –га́м)	(high) boots
кало́ши (кало́ш)	galoshes

58

зо́нтик	umbrella
очки́ (очко́в)	spectacles, glasses
часы́ (часо́в)	watch
су́мочка	handbag
кошелёк (кошелька́)	purse
бума́жник	wallet
расчёска	comb
щётка	brush
бри́тва	razor
пу́дра	powder
духи́ (духо́в)	perfume, scent

59

полоте́нце (*G. pl.* –нец)	towel
мы́ло	soap
ва́нна	bath
принима́ть/приня́ть ва́нну	to take a bath
(*see* 138)	

умыва́ться/умы́ться (умо́юсь –ешься)	to wash (*one's hands and face*), have a wash
мыть/вы́мыть (мо́ю мо́ешь; вы́мою)	to wash (*sth.*)
стира́ть/вы́стирать бельё	to do the washing
чи́стить/почи́стить (чи́щу чи́стишь)	to clean
чи́стый	clean
гря́зный	dirty

60

посу́да	crockery, plates and dishes
мыть посу́ду	to wash up, do the washing up (*see* 59)
блю́до	dish
таре́лка (*G. pl.* –лок)	plate
ча́шка (*G. pl.* ча́шек)	cup
блю́дце (*G. pl.* блю́дец)	saucer
стака́н	glass, tumbler
самова́р	samovar
ча́йник	tea-pot
кофе́йник	coffee-pot
графи́н	decanter, carafe
кувши́н	jug
буты́лка (*G. pl.* –лок)	bottle

61

кастрю́ля	saucepan
сковорода́	frying-pan
ба́нка	jar; tin
нож (ножа́)	knife
ви́лка (*G. pl.* ви́лок)	fork
ло́жка (*G. pl.* ло́жек)	spoon
салфе́тка (*G. pl.* –ток)	napkin, serviette
ска́терть *f.*	table-cloth
подно́с	tray
накрыва́ть/накры́ть (на) стол (накро́ю –ешь)	to lay the table, put the things on the table

убира́ть/убра́ть со стола́ (уберу́ –ёшь; убрала́)	to clear the table, take the things off the table

62

пи́ща	food (*varieties*)
еда́	food (things to eat)
за́втрак	breakfast; (early) lunch
обе́д	dinner
у́жин	supper, evening meal
мя́со	meat
колбаса́	sausage (*salami, etc.*)
ветчина́	ham
ры́ба	fish
икра́	caviare

63

хлеб	bread; (brown) loaf
бу́лка	(white) loaf
бу́лочка (*G. pl.* –чек)	roll
са́хар	sugar
яйцо́ (*pl.* я́йца яи́ц я́йцам)	egg
молоко́	milk
ма́сло	butter
смета́на	smetana (*thick sour cream*)
кефи́р	kefir (*sort of yoghourt*)
творо́г (творога́)	tvorog (*sort of cottage cheese*)
сыр	cheese

64

есть/пое́сть, съесть (ем ешь ест еди́м еди́те едя́т; ел е́ла; пое́м)	to eat (*pfs.* to have sth. to eat, to eat up)
ку́шать/ску́шать	to eat, have (*politer than* есть)
пить/вы́пить (пью пьёшь; вы́пью)	to drink
за́втракать/поза́втракать	to have breakfast / lunch
обе́дать/пообе́дать	to have dinner
у́жинать/поу́жинать	to have supper / one's evening meal

гото́вить/приготóвить (–влю –ви́ль)	to cook, prepare (*a meal*)
вари́ть/свари́ть (варю́ ва́ришь)	to cook, boil (*eggs, etc.*); to make (*soup, etc.*)
жа́рить/зажа́рить	to cook, fry, roast
кипяти́ть/вскипяти́ть (–ячу́ –яти́шь)	to boil (*water, etc.*)

свéжий	fresh
холóдный	cold
горя́чий	hot
варёный	cooked, boiled
жа́реный	fried, roasted
сла́дкий (*сотр.* сла́ще)	sweet
ки́слый	sour
гóрький	bitter
голóдный	hungry
вку́сный	tasty, nice
вкус	taste

блю́до	dish, course
пéрвое/вторóе	first / second course
заку́ска	hors d'oeuvre; snack, refreshments
сала́т	salad; lettuce
суп (мяснóй/ры́бный/ овощнóй)	soup (meat / fish /vegetable)
щи (щей)	schi (*cabbage soup*)
борщ (борща́)	borsch (*beetroot soup*)
бифштéкс	steak
гуля́ш	goulash, stew
котлéта	cutlet, chop, rissole
шни́цель *m.*	schnitzel (*veal cutlet*)
яи́чница	omelette, fried / scrambled eggs

67

ка́ша	porridge, cooked cereal
компо́т	stewed fruit
кисе́ль *m.* (киселя́)	kissel (*thin jelly*)
варе́нье	jam
моро́женое (–ого)	ice-cream
пиро́г (пирога́)	pie, tart
пиро́жное (–ого)	(fancy) cake
пече́нье	biscuits, pastry
шокола́д	chocolate
конфе́ты (конфе́т)	sweets

68

вода́ (во́ду воды́)	water
фрукто́вая/минера́льная вода́	lemonade, *etc.* / mineral water
вино́	wine
во́дка	vodka
пи́во	beer
ко́фе (*m. indec.*)	coffee
чай	tea
кака́о (*n. indec.*)	cocoa
соль *f.*	salt
пе́рец (пе́рца)	pepper
горчи́ца	mustard
у́ксус	vinegar
ма́сло	oil

69

рестора́н	restaurant
буфе́т	buffet, refreshment room
столо́вая (–вой)	canteen, café (*for eating*)
кафе́ (*n. indec.*)	café, coffee house
сто́лик	table (*in restaurants*)
официа́нт/официа́нтка	waiter / waitress
смотре́ть меню́	to look at the menu (*see* 53)
выбира́ть блю́до	to choose a course / dish (*see* 52)

зака́зывать/заказа́ть (закажу́ –а́жешь)	to order (*sth.*)
счёт	bill
ка́сса	cash-desk

70

дом (*pl.* –а́ –о́в)	house
подъе́зд	entrance, porch
двор (двора́; во дворе́)	courtyard, yard
забо́р	fence
воро́та (воро́т)	gate(s)
кали́тка	(*small*) gate
кры́ша	roof
труба́ (*pl.* тру́бы)	chimney
балко́н	balcony
эта́ж (этажа́)	storey, floor
пе́рвый/второ́й эта́ж	ground / first floor
крыльцо́	porch (*with steps*)

71

стена́ (сте́ну стены́; *pl.* сте́ны стена́м)	wall
окно́ (*pl.* о́кна о́кон о́кнам)	window
дверь *f.* (*pl.* –и –е́й)	door
кварти́ра	flat, apartment
лифт	lift
ле́стница	stairs, staircase
коридо́р	corridor, passage
ко́мната	room
пол (на полу́)	floor
потоло́к (–олка́)	ceiling

72

столо́вая (–вой)	dining-room
гости́ная (–ной)	sitting-room, lounge, drawing-room
спа́льня	bedroom
ку́хня	kitchen

ва́нная (–ной)	bathroom
убо́рная (–ной)	lavatory
печь *f.* (в/на печи́)	stove; oven
ого́нь *m.* (огня́)	fire
дым	smoke
горе́ть (гори́т горя́т)	to burn, be alight / on fire
ками́н	fire(side)

73

звоно́к (звонка́)	bell
звони́ть/позвони́ть	to ring
стуча́ть/постуча́ть в дверь (стучу́ –чи́шь)	to knock at the door
открыва́ть/откры́ть (откро́ю –бешь)	to open (*trans.*)
открыва́ться/откры́ться	to open (*intrans.*)
откры́тый	open
закрыва́ть/закры́ть (закро́ю –бешь)	to close, shut (*trans.*)
закрыва́ться/закры́ться	to close, shut (*intrans.*)
закры́тый	closed, shut
ключ (ключа́)	key
замо́к (замка́)	lock
впуска́ть/впусти́ть (–ущу́ –у́стишь)	to let in

74

свет	light
включа́ть/включи́ть	to put / switch / turn on
выключа́ть/вы́ключить	to put / switch / turn off
убира́ть ко́мнату	to tidy / do / clean out a room (*see* 61)
щётка	brush, broom
пылесо́с	vacuum cleaner
жить в до́ме	to live in a house (*see* 30)
переезжа́ть/перее́хать в дом	to move into a house (*see* 47 *and* 44)
быть до́ма	to be at home / in
идти́ домо́й	to go home (*see* 44)

ме́бель *f.*	furniture
стол (стола́)	table
стул (*pl.* сту́лья –ьев)	chair
кре́сло (*G. pl.* кре́сел)	armchair
дива́н	settee, sofa
шкаф (в шкафу́; *pl.* –ы́ –о́в)	cupboard
кни́жный шкаф	bookcase
буфе́т	sideboard
(выдвижно́й) я́щик	drawer
комо́д	chest of drawers

крова́ть *f.*	bed (*bedstead*)
посте́ль *f.*	bed (*with bedding*)
простыня́	sheet
(*pl.* про́стыни –ы́нь –я́м)	
одея́ло	blanket
поду́шка (*G. pl.* –шек)	pillow; cushion
по́лка (*G. pl.* по́лок)	shelf
ве́шалка	hanger, peg, stand
зе́ркало (*pl.* зеркала́)	mirror
карти́на	picture
портре́т	portrait, picture

часы́ (часо́в)	clock
ла́мпа	lamp, light
занаве́ска (*G. pl.* –сок)	curtain
ковёр (ковра́)	carpet
ко́врик	rug
ва́за	vase; bowl
телефо́н	telephone
телеви́зор	television(–set)
радиоприёмник	radio, wireless (receiver)
прои́грыватель *m.*	gramophone, record player
висе́ть (виси́т вися́т)	to hang, to be (hanging up)

78

спать (сплю спишь; спалá)	to sleep, be asleep
засыпáть/заснýть (–нý –нёшь)	to fall asleep, go to sleep
просыпáться/проснýться (–нýсь –нёшься)	to wake up (*intrans.*)
будúть/разбудúть (бужý бýдишь)	to wake up (*trans.*)
вставáть/встать (*see* 49)	to get up
уставáть/устáть (устаю́ –ёшь; устáну –ешь)	to be tired
я устáл	I am tired
устáлый	tired
сон (снá)	sleep
вúдеть во снé	to dream (*of sth.*)

79

курúть (курю́ кýришь) покурúть/закурúть/ вы́курить	to smoke to have a smoke / light up / smoke (out)
табáк (табакá)	tobacco
папирóса	cigarette (*with cardboard mouthpiece*)
сигарéта	cigarette (*Western style*)
сигáра	cigar
трýбка (*G. pl.* трýбок)	pipe
спúчка (*G. pl.* спúчек)	match
зажигáть/зажéчь (зажгý зажожёшь; зажёг зажглá)	to light, strike
пáчка (*G. pl.* пáчек)	packet
корóбка (*G. pl.* –бок)	box

80

клуб	club (*society*)
лáгерь *m.*	camp
игрýшка (*G. pl.* –шек)	toy
кýкла (*G. pl.* кýкол)	doll
мяч (мячá)	ball

спорт	sport
Какóй ваш люби́мый вид спóрта?	What is your favourite sport?
игрá (*pl.* и́гры)	game
комáнда	team
капитáн	captain
матч	match
выи́грывать/вы́играть	to win
прои́грывать/проигрáть	to lose

81

игрáть (в + *A.*)	to play (*sth.*)
шáхматы (шáхмат)	chess
кáрты (карт)	cards
баскетбóл	basketball
волейбóл	volleyball
гольф	golf
кри́кет	cricket
тéннис	tennis
футбóл	football
хоккéй	hockey
стадиóн (*use* на)	stadium, ground
площáдка (*use* на)	playground, sports ground, court

82

занимáться (+ *I.*)	to do (*practise a sport*)
атлéтика	athletics
бокс	boxing
борьбá	wrestling
гимнáстика	gymnastics
грéбля	rowing
плáвание	swimming
бассéйн (для плáвания)	(swimming) pool
лови́ть ры́бу	to fish (see 50)
купáться	to bathe, go bathing
катáться на лы́жах/конькáх/ сáнках/лóдке/велосипéде	to ski / skate / go tobogganing / boating / cycling

83

му́зыка	music
игра́ть (на + *P.*)	to play (*an instrument*)
пиани́но (*n. indec.*)	piano (*upright*)
роя́ль *m.*	(grand) piano
скри́пка	violin
гита́ра	guitar
музыка́нт	musician
компози́тор	composer
петь/спеть (пою́ поёшь)	to sing
пе́сня (*G. pl.* пе́сен)	song
хор	choir
орке́стр	orchestra, band

84

конце́рт (*use* на)	concert
бале́т	ballet
о́пера	opera
пласти́нка (*G. pl.* –нок)	record
магнитофо́н	tape recorder
ра́дио (*n. indec.*)	radio, wireless
по ра́дио	on the wireless
слу́шать переда́чу	to listen to a broadcast
телеви́дение	television
по телеви́дению	on television
смотре́ть телеви́зор	to watch television (*see* 53)
бал (на балу́)	ball, dance
танцева́ть (танцу́ю –у́ешь)	to dance

85

иску́сство	art
худо́жник	artist
писа́ть карти́ну	to paint a picture (*see* 87)
теа́тр	theatre
актёр/актри́са	actor / actress
кино́ (*n. indec.*)	cinema
фильм	film

цирк	circus
фотогра́фия	photography; photograph
сни́мок (сни́мка)	photo, snap
фотоаппара́т	camera
снима́ть/снять (сниму́ сни́мешь; сняла́)	to take a photo / picture of

86

литерату́ра	literature
а́втор	author
писа́тель m.	writer
поэ́т	poet
рома́н	novel
по́весть f. (pl. -и -е́й)	short novel, long short story
расска́з	(short) story, tale
ска́зка (G. pl. ска́зок)	(fairy) tale / story
стихи́ (стихо́в)	poetry, verse
пье́са	play
сбо́рник	collection (of stories, etc.)

87

чита́ть/прочита́ть	to read
писа́ть/написа́ть (пишу́ пи́шешь)	to write
а́збука	alphabet
бу́ква	letter (of alphabet)
мя́гкий знак	soft sign
твёрдый знак	hard sign
кни́га	book
страни́ца	page
сло́во (pl. слова́)	word
глава́ (pl. гла́вы)	chapter
глава́ пе́рвая	chapter one
строка́ (pl. стро́ки строка́м)	line

88

дикта́нт/дикто́вка	dictation
то́чка (G. pl. то́чек)	full stop

запята́я	comma
то́чка с запято́й	semicolon
двоето́чие	colon
вопроси́тельный знак	question mark
восклица́тельный знак	exclamation mark
кавы́чки (–чек)	inverted commas
тире́ (pr. –э́)	dash
с но́вой строки́	new paragraph
ско́бки (ско́бок)	brackets

89

ру́чка (G. pl. ру́чек)	pen
перо́	nib
авторучка (G. pl. –чек)	fountain-pen
каранда́ш (–даша́)	pencil
черни́ла (черни́л)	ink
лине́йка (G. pl. лине́ек)	ruler
нож (ножа́)	knife
рези́нка (G. pl. –нок)	rubber
бума́га	paper
блокно́т	notebook, writing-pad

90

по́чта	post, mail
по по́чте	by post
авиапо́чта	air mail
авиапо́чтой	by air (mail)
письмо́ (pl. пи́сьма пи́сем)	letter
паке́т	parcel, packet
откры́тка (G. pl. –ток)	postcard
телегра́мма	telegram
посыла́ть/посла́ть	to send
(пошлю́ –лёшь)	
получа́ть/получи́ть	to receive, get
(–учу́ –у́чишь)	
(почто́вый) я́щик	post-box, letter-box
опуска́ть/опусти́ть письмо́	to post a letter
в я́щик (–ущу́ –у́стишь)	

а́дрес (*pl.* –а́ –о́в)	address
конве́рт	envelope
ма́рка (*G. pl.* ма́рок)	stamp
почтальо́н	postman
перепи́сываться	to correspond
телефо́н	telephone
говори́ть по телефо́ну	to speak on the phone
звони́ть/позвони́ть (+ *D.*)	to ring, phone (*sb.*)
журна́л	magazine
газе́та	(news)paper
но́мер (*pl.* –а́ –о́в)	number, edition, issue
изве́стия (*pl.*)	news

92

шко́ла	school
сре́дняя шко́ла	secondary school
шко́ла-интерна́т	boarding school
институ́т	college, institute
университе́т	university
вуз (вы́сшее уче́бное заведе́ние)	vuz (higher educational establishment)
учени́к (–ника́)/учени́ца	pupil
шко́льник/шко́льница	schoolboy/–girl
студе́нт/студе́нтка (*G. pl.* –ток)	student
учи́тель (*pl.* –я́ –е́й)/ учи́тельница	teacher
преподава́тель *m.*	schoolmaster; lecturer
дире́ктор	headmaster; director, manager

93

занима́ться (+ *I.*)	to study (*a subject*)
изуча́ть/изучи́ть	to learn, study
учи́ть/научи́ть (учу́ у́чишь) (+ *A.* + *D.*)	to teach (*sb. sth.*)
учи́ться/вы́учиться (вы́учусь) (+ *D.*)	to study, learn, read (*sth.*)

преподава́ть (–даю́ –даёшь)	to teach (*as a profession*)
рабо́тать над (+ *I.*)	to work on/at
уче́бный год	school/academic year
курс	course, year (*as a student*)
уро́к (*use* на)	lesson
ле́кция (*use* на)	lecture
переме́на	break

94

класс	class, form; classroom
па́рта	desk
доска́ (до́ску доски́)	(black)board
мел	chalk
тря́пка	duster
вытира́ть/вы́тереть (вы́тру вы́трешь; вы́тер/–ла)	to wipe (off/out)
ка́рта	map
уче́бник	textbook
тетра́дь *f.*	exercise-book
портфе́ль *m.*	brief-case
су́мка	bag, satchel

95

предме́т	subject
нау́ки (нау́к)	the sciences, science
биоло́гия	biology
фи́зика	physics
хи́мия	chemistry
матема́тика	mathematics
исто́рия	history
истори́ческий	historical
геогра́фия	geography
географи́ческий	geographical

96

язы́к (языка́; *use* на)	language
родно́й язы́к	native language, mother tongue

иностра́нные языки́	foreign languages
ру́сский язы́к	Russian
англи́йский язы́к	English
неме́цкий/францу́зский/ испа́нский/италья́нский/ кита́йский язы́к	German/French/Spanish/ Italian/Chinese
лати́нский/гре́ческий язы́к	Latin/Greek
говори́ть/чита́ть/писа́ть/ понима́ть	to speak/read/write/under- stand
по-ру́сски/по-англи́йски, etc.	Russian/English, etc.

97

перево́д (с + G. на + A.)	translation (from ... into ...)
переводи́ть/перевести́	to translate (see 45)
слова́рь m. (словаря́)	dictionary, vocabulary
произноше́ние	pronunciation
ударе́ние	stress
чте́ние	reading
текст	text
упражне́ние	exercise
те́ма	subject, topic
на те́му (+ G.)	on (the subject of)
(дома́шнее) зада́ние	homework
зада́ча	problem, sum

98

гото́вить/приготовить уро́ки (-влю -вишь)	to prepare one's lessons, do one's homework
задава́ть/зада́ть вопро́с (за + дава́ть/да́ть, but за́дал/-и)	to ask/put a question (see 52)
обраща́ть/обрати́ть внима́ние (на + A.) (-ащу́ -ати́шь)	to pay attention (to), take notice (of)
де́лать успе́хи	to make progress, get on well
оши́бка (G. pl. -бок)	mistake
зачёт	test
экза́мен (use на)	exam
гото́виться к экза́мену	to prepare for an exam

сдава́ть /сдать экза́мен
(с + дава́ть/дать)
отме́тка (*G. pl.* –ток)

to take (sit for) pass
an exam (*see* 52)
mark

99

двор (во дворе́)
коридо́р
библиоте́ка
зал
кабине́т
лаборато́рия
пионе́р/пионе́рка
комсомо́лец (–льца)
  комсомо́лка
физкульту́ра
гру́ппа
кружо́к (кружка́)
собра́ние
  собра́ние состои́тся

playground
corridor
library
hall
room (*for a special subject*)
laboratory
Pioneer
Komsomol member

P. E.
group
society, circle, hobby group
meeting
  the meeting will be held

100

рабо́та (*use* на)
профе́ссия
рабо́тать
служи́ть
  (служу́ слу́жишь; + *I.*)
слу́жащий (–щего)
рабо́тник/рабо́тница
рабо́чий (–чего)
колхо́зник/колхо́зница

инжене́р
меха́ник

учёный (–ного)

work
profession, occupation
to work
to serve, work (*as* ...)

employee, office worker
workman, worker (*skilled*)
worker, labourer
(collective) farmer / farm-
  worker
(civil) engineer
mechanic, (mechanical)
  engineer
scientist, scholar

контóра	office
завóд (*use* на)	factory, mill, works
фáбрика (*use* на)	factory (*usually in light industry*)
колхóз	(collective) farm
совхóз	state farm
шáхта	(coal-)mine, pit
сéльское хозяйство	agriculture
промы́шленность *f*.	industry
урожáй	harvest, crop
производить	to produce, make, manu-facture (*see* 45)
(произ + водить/вести)	
машина	machine, engine

трáктор	tractor
телéга	cart
плуг (*pl*. –и́ –óв)	plough
косá (кóсу кóсы)	scythe
серп	sickle
мóлот/молотóк (–ткá)	hammer (*large/domestic*)
топóр (топорá)	axe
лопáта	spade, shovel
пилá	saw
лéстница	ladder
гвоздь *m*. (*pl*. –и –éй)	nail

Совéтский Сою́з	the Soviet Union
СССР (Сою́з Совéтских Социалисти́ческих Респýблик)	the U.S.S.R.
Росси́я	Russia
Украи́на (*use* на)	the Ukraine
Сиби́рь *f*.	Siberia
Урáл (*use* на)	the Urals

Крым (в Крыму́)	the Crimea
Кавка́з (*use* на)	the Caucasus
Дон (на Дону́)	the Don (*region, river*)
Во́лга	the Volga
Нева́	the Neva
Москва́-река́	the Moscow River

104

Чёрное мо́ре	the Black Sea
Балти́йское мо́ре	the Baltic
Каспи́йское мо́ре	the Caspian Sea
Москва́	Moscow
Ленингра́д	Leningrad
Ки́ев	Kiev
А́зия	Asia
Аме́рика	America
Южная/Се́верная Аме́рика	South/North America
А́фрика	Africa
Евро́па	Europe
США (Соединённые Шта́ты Аме́рики)	the U.S.A.

105

А́нглия	England
Шотла́ндия	Scotland
(Се́верная) Ирла́ндия	(Northern) Ireland
Уэ́льс	Wales
Фра́нция	France
Герма́ния	Germany
Ита́лия	Italy
По́льша	Poland
Чехослова́кия	Czechoslovakia
Югосла́вия	Yugoslavia
Испа́ния	Spain
Гре́ция	Greece
Ве́нгрия	Hungary

Швейца́рия	Switzerland
А́встрия	Austria
Бе́льгия	Belgium
Голла́ндия	Holland
Шве́ция	Sweden
Норве́гия	Norway
Да́ния	Denmark
Кита́й	China
Япо́ния	Japan
Йндия	India
Австра́лия	Australia
Кана́да	Canada
Изра́иль *m.*	Israel
Брази́лия	Brazil

Нью-Йо́рк	New York
Ло́ндон	London
Пари́ж	Paris
Берли́н	Berlin
Рим	Rome
Варша́ва	Warsaw
Жене́ва	Geneva
Пеки́н	Peking
Атланти́ческий океа́н	the Atlantic
Ти́хий океа́н	the Pacific
Се́верное мо́ре	the North Sea
Средизе́мное мо́ре	the Mediterranean
Те́мза	the Thames
Се́на	the Seine

сове́тский	Soviet
ру́сский	Russian
америка́нский	American
англи́йский	English
францу́зский	French

герма́нский/неме́цкий	German (*State/people*, *etc.*)
кита́йский	Chinese
ру́сский/ру́сская	Russian (*man/woman*)
америка́нец (-а́нца)/ америка́нка	American (*man/woman*)
англича́нин (*pl.* -а́не -а́н)/ англича́нка	English(man/woman; *pl.* the English)
францу́з/францу́женка	French(man/woman)
не́мец (не́мца)/не́мка	German (*man/woman*)
кита́ец (кита́йца)/кита́йка *(see also 96)*	Chinese (*man/woman*)

109

наро́д	people, nation
ро́дина (*use* на)	native land, home(land)
страна́ (*pl.* стра́ны)	country (*State*)
госуда́рство	State
респу́блика	republic
о́бласть *f.*	region (*province*)
райо́н	district (*county*, *etc.*)
го́род (*pl.* -а́ -о́в)	town, city
столи́ца	capital
село́	village (*large*)
дере́вня (*pl.* -е́вни -еве́нь -евня́м)	village

110

наро́дный	national, people's, folk
госуда́рственный	State, national
городско́й	town, city, urban
дереве́нский	village, country, rural
граждани́н (*pl.* гра́ждане -ан) /гражда́нка	citizen
това́рищ	comrade; Mr., Mrs., Miss
господи́н (*pl.* господа́)/ госпожа́	gentleman/lady; Mr./Mrs., Miss (*outside the U.S.S.R.*)
коммуни́ст/коммуни́стка	communist
коммуни́зм	communism
коммунисти́ческий	communist

правительство	the government
Кремль *m.* (Кремля́)	the Kremlin
па́ртия	the party
комите́т	committee
сове́т	soviet
председа́тель *m.*	chairman, president
секрета́рь *m.* (-аря́)	secretary
съезд (*use* на)	congress, conference
поли́тика	politics; policy
план	plan
зако́н	law
тюрьма́	prison, jail

револю́ция	revolution
война́ (*pl.* во́йны)	war
мир	peace
сла́ва	glory
честь *f.*	honour
геро́й	hero
зна́мя *n.* (зна́мени –менем; *pl.* знамёна)	banner, flag
свобо́да	freedom, liberty
свобо́дный	free
междунаро́дный	international
ООН (Организа́ция Объеди- нённых На́ций)	U.N.O.

а́рмия	army
флот (*use* во)	navy, fleet
танк	tank
ору́жие	arms, weapon(s)
винто́вка (*G. pl.* –вок)	rifle
стреля́ть/вы́стрелить	to shoot, fire
бой (в бою́)	battle, fight, action
солда́т (*G. pl.* солда́т)	soldier

лётчик	pilot, airman
матрóс	sailor
враг (врагá)	enemy

114

ýлица	street
проспéкт	avenue
бульвáр	boulevard
мост (на мостý; *pl.* –ы́ –óв)	bridge
тротуáр	pavement
плóщадь *f.* (–ди –дéй)	square
сквер	square (*French style*), public garden
парк	park
ботани́ческий сад (в . . . садý)	botanical garden
зоопáрк	zoo

115

здáние	building
стрóить/пострóить	to build, construct
пострóен в —	built in —
собóр	cathedral
цéрковь *f.* (цéркви цéрковью; *pl.* –кви –квéй –квáм)	church
дворéц (дворцá)	palace
бáшня (*G. pl.* бáшен)	tower
пáмятник	monument
ры́нок (ры́нка; *use* на)	market
базáр (*use* на)	market (*especially in the south*)
пóчта (*use* на)	post-office
банк	bank

116

дéньги (дéнег деньгáм)	money
рубль *m.* (рубля́)	rouble

копе́йка (*G. pl.* копе́ек)	copeck
зараба́тывать/зарабо́тать	to earn
зарпла́та	pay, wages, salary
бе́дный (*comp.* бедне́е)	poor
бога́тый (*comp.* бога́че)	rich
тра́тить/потра́тить (–чу –тишь)	to spend
плати́ть/заплати́ть (–ачу́ –а́тишь)	to pay
сто́ить	to cost
Ско́лько сто́ит?	How much is it?

цена́ (це́ну це́ны; *pl.* це́ны)	price, cost
дорого́й (*comp.* доро́же)	dear, expensive
до́рого	it is dear
дешёвый (*comp.* деше́вле)	cheap
дёшево	it is cheap
продава́ть/прода́ть (про + дава́ть/да́ть, *but* про́дал/–и)	to sell (*see* 52)
покупа́ть/купи́ть (куплю́ ку́пишь)	to buy, get
чек	cheque; check, chit
ка́сса	cash-desk
сда́ча	change (*money returned*)

118

магази́н	shop, store
универма́г	department store
гастроно́м	food store
кни́жный магази́н	bookshop
апте́ка	chemist's (shop)
парикма́херская	hairdresser's
отде́л	department, section
продаве́ц (–авца́)/ продавщи́ца	(shop-)assistant
су́мка	(shopping) bag
корзи́нка	(shopping) basket
Что вам уго́дно?	What can I do for you?

119

теа́тр	theatre
кино́ (*n. indec.*)	cinema
конце́ртный зал	concert hall
музе́й	museum
(карти́нная) галере́я	(picture) gallery
вы́ставка (*use* на)	exhibition
Музе́й закры́т	Museum closed.
Музе́й откры́т от ... до ...	The museum is open from ... to ...
вход	entrance, way in, entry
вы́ход	exit, way out
биле́т	ticket
ме́сто (*pl.* места́)	place, seat

120

движе́ние	traffic
милиционе́р	policeman
толпа́ (*pl.* то́лпы)	crowd
светофо́р	traffic lights
авто́бус	bus
тролле́йбус	trolleybus
трамва́й	tram
конду́ктор/конду́кторша	conductor
остано́вка (*G. pl.* –вок)	stop
грузови́к (–вика́)	lorry
такси́ (*n. indec.*)	taxi
шофёр	driver

121

автомоби́ль *m.*	car
маши́на	car, lorry (*popular term*)
мотоци́кл	motor-bike
велосипе́д	bicycle
метро́ (*n. indec.*)	metro, underground
ста́нция (*use* на)	station
вокза́л (*use* на)	station (*railway terminus*)

желе́зная доро́га	railway
по желе́зной доро́ге	by rail
по́езд (*pl.* –а́ –о́в)	train
парохо́д	boat, ship
самолёт	aeroplane
аэропо́рт (в аэропорту́)	airport

122

отдыха́ть/отдохну́ть	to rest, have a holiday
(–ну́ –нёшь)	
о́тдых	rest, holiday
пра́здник	holiday (*festival*)
о́тпуск (*use* в)	holiday (*leave*)
кани́кулы (–кул; *use* на)	holidays (*vacation*)
Рождество́	Christmas
Па́сха	Easter
проводи́ть/провести́	to spend, pass (*see* 45)
(про + води́ть/вести́)	
прогу́лка	walk; drive, ride
экску́рсия	excursion, outing
пое́здка	trip, tour, journey
путеше́ствие	journey (*voyage*)

123

е́хать за грани́цу	to go abroad (*see* 44)
быть за грани́цей	to be abroad
па́спорт (*pl.* –а́ –о́в)	passport
биле́тная ка́сса	ticket office
бага́ж (багажа́)	luggage
чемода́н	suitcase, trunk
ве́щи (веще́й)	things, articles, luggage
пассажи́р	passenger
гости́ница	hotel
отправля́ться/отпра́виться	to set out/off, leave
(–влюсь –вишься)	
возвраща́ться/верну́ться,	to return, go/come back
возврати́ться	
(–ну́сь –нёшься;	
–щу́сь –ти́шься)	

124

éхать поездом/парохóдом/ самолётом/автóбусом	to go by train/boat/plane/bus (*see* 44)
Поезд отхóдит в . . . с плат- фóрмы . . .	The train leaves at . . . from platform . . .
садиться в вагóн	to get on the train (*see* 49)
каюта	cabin
пáлуба	deck
идти пешкóм	to go on foot (*see* 44)
гулять/погулять	to walk, have a walk
идти гулять	to go for a walk
приближáться/приблизиться (к + *D*.)	to approach, come/get near (to)
спешить/поспешить	to hurry, make haste
ждать/подождáть (жду ждёшь)	to wait (for)
опáздывать/опоздáть (на + *A*.)	to be late (*for/by*)

125

вóля	will
усилие	effort
решéние	decision
желáние	wish, desire
цель *f*.	aim, purpose
ум (умá)	mind
мысль *f*.	thought, idea
идéя	idea, plan
мнéние	opinion
на мой взгляд	in my view/opinion
душá (дýшу души)	soul, heart
знáние	knowledge

126

настроéние	mood, frame of mind
чýвство	feeling, emotion
удовóльствие	pleasure
рáдость *f*.	joy

смех	laughter, laugh
улыбка	smile
счáстье	happiness
сожалéние	pity; regret
слезá (*pl.* слёзы слезáм)	tear
страх	fear, fright
ýжас	horror, dread, terror

волнéние	excitement, emotion
удивлéние	surprise, amazement
интерéс	interest
любóвь *f.*	love
надéжда	hope
вéра	belief, faith, trust
долг	duty
рад/рáда/рáды	glad
счастлúвый (счáстлив)	happy
печáльный	sad
сердúтый (на)	angry (*with/at*)

старáться/постарáться	to try, attempt
решáть/решúть	to decide
хотéть/захотéть (хочý хóчешь/-т хотúм/-те хотя́т)	to want
желáть/пожелáть	to wish
дýмать/подýмать	to think
считáть	to consider, reckon, think
умéть/сумéть	to be able (*know how to*), to manage
знать	to know
узнавáть (–наю́ –наёшь)/ узнáть	to recognise; to find out, get to know, learn

пóмнить/вспóмнить	to remember, bear in mind (*pf.* to recall)

забыва́ть/забы́ть (забу́ду –дешь)	to forget
понима́ть поня́ть (пойму́ –мёшь; по́нял/–и поняла́)	to understand, realise
чу́вствовать/почу́вствовать (–ствую)	to feel
ра́доваться (–дуюсь –дуешься)	to be glad/happy, rejoice
смея́ться/рассмея́ться (смею́сь смеёшься)	to laugh (*pf.* to burst out laughing)
улыба́ться/улыбну́ться (–ну́сь –нёшься)	to smile
пла́кать/запла́кать (пла́чу –чешь)	to cry, weep
боя́ться (бою́сь бои́шься) (+ *G.*)	to fear, be afraid (of)

130

волнова́ться/взволнова́ться (–ну́юсь –ну́ешься)	to be excited/nervous/ worried/upset
удивля́ть/удиви́ть (–влю́ –ви́шь)	to surprise, amaze
удивля́ться/удиви́ться (+ *D.*)	to be surprised/amazed (*at/ by sth.*)
интересова́ть/заинтересо- ва́ть (–су́ю –су́ешь)	to interest
интересова́ться, *etc.* (+ *I.*)	to be get interested / take an interest (in)
люби́ть (люблю́ лю́бишь)	to love, like
нра́виться/понра́виться (–влюсь –вишься)	to please (*used also to mean* to like, *as below*)
она́ нра́вится ему́	she pleases him, he likes her
любова́ться/полюбова́ться (+ *I.*) (–бу́юсь –бу́ешься)	to admire (*look at and enjoy*)
уважа́ть	to admire (*esteem*)
наде́яться (наде́юсь –ешься)	to hope
ве́рить/пове́рить (+ *D.*)	to believe (*sb.*)

хара́ктер	character, nature
аккура́тный	neat, tidy; punctual
ве́жливый	polite
весёлый (*adv.* ве́село)	cheerful, gay
внима́тельный	attentive, considerate, careful
глу́пый	silly, stupid
го́рдый	proud
гру́бый	rough, rude
до́брый	kind, good
дово́льный (–лен –льна) (+ *I.*)	satisfied, pleased, content(ed) (*with*)
жа́дный	greedy
жесто́кий	cruel

и́скренний	sincere
лени́вый	lazy
му́дрый	wise
не́жный	tender, gentle, affectionate
не́рвный	nervous, nervy
осторо́жный	careful, cautious
рассе́янный	absent-minded
ро́бкий	shy, timid
серьёзный	serious
скро́мный	modest
сме́лый	bold, daring

споко́йный	quiet, calm
спосо́бный (+ *D.*)	able; gifted, clever, good (*at*)
стра́нный	strange, queer, funny
стро́гий	strict, severe
трусли́вый	cowardly
у́мный	clever, intelligent, sensible
упря́мый	stubborn, obstinate
хи́трый	cunning, sly
хра́брый	brave

че́стный	honest
ще́дрый	generous

134

быть (бы́л/–и была́, не́ был/–и	to be
не была́; бу́ду бу́дешь;	
imperative бу́дь/—те)	
есть	there is/are
нет (+ G.)	there isn't/aren't
был, *etc.*/бу́дет, –ут	there was/will be
не́ было / не бу́дет (+ G.)	there wasn't/won't be
у меня́ есть / нет; *etc.*	I have/haven't, etc.
име́ть	to have, possess
принадлежа́ть (–жу́ –жи́шь)	to belong
быва́ть	to be (*usually, often*); to happen
существова́ть	to exist
(–тву́ю –тву́ешь)	
явля́ться (+ *I.*)	to be (*literary term*)
находи́ться (нахо́дится)	to be (situated)
случа́ться/случи́ться	to happen, occur

135

слу́чай	event, incident; chance, opportunity
возмо́жность *f.*	possibility; chance, opportunity
приключе́ние	adventure
называ́ться (+ *I.*)	to be called (*have the name of*)
назва́ние	name, title
зна́чить	to mean
значе́ние	meaning, significance, sense; importance
каза́ться/показа́ться (+ *I.*)	to seem, appear
(кажу́сь ка́жешься)	
вы́глядеть (–яжу –ядишь)	to look (appear)
счита́ться (+ *I.*)	to be considered/thought
остава́ться/оста́ться	to stay, remain, be left (behind)
(остаю́сь –ёшься;	
оста́нусь –ешься)	

де́латься/сде́латься (+ *I*.)	to become, get, grow, turn
станови́ться/стать	1. to become, get, grow, turn
(+ *I. in sense* 1.)	2. (*in pf.*) to begin, start, take
(–овлю́сь –о́вишься;	up
ста́ну –ешь)	
начина́ть/нача́ть (начну́	to begin, start
–нёшь; на́чал/-и начала́)	(*sth., doing sth.*)
начина́ться/нача́ться	to begin, start (*be begun*)
(*but* начался́ начали́сь)	
конча́ть/ко́нчить	to finish, end (*sth., doing sth.*)
конча́ться/ко́нчиться	to finish, end
	(*come to an end*)
переставать/переста́ть	to stop (*doing sth.*)
(–стаю́ –стаёшь;	
–ста́ну –ешь)	
продолжа́ть/продо́лжить	to continue, go on (*doing sth.*)
продолжа́ться/	to continue, go on
продо́лжиться	(*be continued*)
изменя́ть/измени́ть	to change, alter (*sth.*)
(–еню́ –е́нишь)	
изменя́ться/измени́ться	to change (*be changed*)

дру́жба	friendship
друг (*pl.* друзья́ –зе́й –зья́м)	friend
подру́га	friend (*female only*)
това́рищ	pal, chum, friend
знако́мый	acquaintance, friend
сосе́д (*pl.* –и –е́й)/сосе́дка	neighbour
дорого́й (*сотр.* доро́же)	dear
ми́лый	sweet, nice, dear
гость *m.* (*pl.* –и –е́й)	guest
идти́ в го́сти (к + *D*.)	to visit, go visiting (*sb.*)
быть в гостя́х (у + *G*.)	to be on a visit to, be
	visiting (*sb.*)

138

заходи́ть/зайти́ (за + *I*./к + *D*.) (за + ходи́ть/идти́: зайду́, *etc.*)	to call (*for/on*)
посеща́ть/посети́ть (–щу́ –ти́шь)	to visit, go to see
приглаша́ть/пригласи́ть (к себе́) (–ашу́ –аси́шь)	to invite (round)
приглаше́ние	invitation
предлага́ть/предложи́ть (–ожу́ –о́жишь)	to suggest, offer
предложе́ние	suggestion, proposal
принима́ть/приня́ть (приму́ при́мешь; при́нял/–и приняла́)	to accept, receive
отка́зываться/отказа́ться (от + *G*.) (–кажу́сь –ка́жешься)	to refuse (*sth.*)
встреча́ть/встре́тить (–чу –тишь)	to meet (*sb.*)
встреча́ться/встре́титься	to meet (see each other)

139

представля́ть/предста́вить (–влю –вишь)	to introduce, present
знако́миться/познако́миться (с + *I*.)	to get to know
приве́т	regards, greetings, best wishes
серде́чный	cordial, sincere
обнима́ть/обня́ть (обниму́ –ни́мешь; о́бнял/–и обняла́)	to embrace, put one's arms round
обнима́ться/обня́ться (*but* обняли́сь)	to embrace (each other)
целова́ть/поцелова́ть (–лу́ю –лу́ешь)	to kiss (*sb.*)
целова́ться/поцелова́ться	to kiss (each other)

пожима́ть/пожа́ть ру́ку (+ D.) (пожму́ пожмёшь)	to shake hands (*with sb.*)
поздравля́ть/поздра́вить (+ A. с + I.) (–влю –вишь)	to congratulate (*sb. on sth.*)
поздравля́ть с Но́вым го́дом / днём рожде́ния	to wish a happy new year/ many happy returns
поздравле́ния (*pl.*)	congratulations

140

дари́ть/подари́ть (дарю́ да́ришь)	to present, give
пода́рок (пода́рка)	present, gift
благодари́ть/поблагодари́ть	to thank
помога́ть/помо́чь (+ D.) (по + мо́чь; *see* 48)	to help, assist
по́мощь *f.*	help, assistance
сове́товать/посове́товать (+ D.) (–тую –туешь)	to advise, recommend (*of person advised*)
сове́т	advice
обеща́ть (*ipf. and pf.*)	to promise
разреша́ть/разреши́ть (+ D.)	to allow, let (*sb.*)
разреши́те (пройти́ / вам предста́вить ...)	let me (come by [excuse me]/ introduce you to ...)

141

проси́ть/попроси́ть (прошу́ про́сишь)	to ask (*sb. to do sth.*)
спра́шивать/спроси́ть (спрошу́ спро́сишь)	to ask (*sb. about sth.*)
задава́ть/зада́ть вопро́с (за + дава́ть/да́ть, *see* 52, *but* за́-дал)	to ask a question
отвеча́ть/отве́тить (–чу –тишь)	to answer, reply
отве́т	answer, reply
объясня́ть/объясни́ть	to explain

повторя́ть/повтори́ть	to repeat, say again
добавля́ть/доба́вить	to add
(–влю –вишь)	
обсужда́ть/обсуди́ть	to discuss, consider
(–ужу́ –у́дишь)	
бесе́да	talk, chat; discussion
проща́ться/попроща́ться	to say goodbye
(с + *I*.)	(*to sb.*)

142

разгово́р	conversation
разгова́ривать	to talk, have a conversation/ talk
здра́вствуй(те) (*s./pl.*)	hallo, good morning, *etc.*
до́брое у́тро	good morning
до́брый день	good afternoon
до́брый ве́чер	good evening
споко́йной но́чи	good night
до свида́ния	goodbye
пока́	cheerio, till then
проща́й(те) (*s./pl.*)	farewell, goodbye
да	yes
нет	no

143

мо́жет быть	perhaps, maybe
ве́рно	most likely, (very) probably
вероя́тно	probably
должно́ быть	probably, must have
ви́дно	apparently, seems to have
коне́чно (*pr.* –шн–)	of course, naturally
как (вы) пожива́ете?	how are you?
как (дела́)?	how goes it?
хорошо́	well, all right
так себе́	so-so, mustn't grumble
к сожале́нию	unfortunately
к сча́стью	fortunately, luckily

пожа́луйста (*pr.* пожа́лста)	please; please do, by all means
спаси́бо	thank you, thanks
с удово́льствием	with pleasure, gladly
о́чень жаль	what a pity; I'm very sorry
прости́(те)	forgive me
извини́(те)	sorry, excuse me
по-мо́ему	to my mind, in my opinion
ну	well *(interjection)*
зна́чит	well then, then, so
наприме́р	for example, for instance
в о́бщем	on the whole, in general
вообще́	generally; at all

так сказа́ть	so to speak, that is to say, I mean
то́ есть (т. е.)	that is to say (i. e.)
и так да́лее (и т. д.)	and so on, etc.
хорошо́	good!, all right!
поня́тно	all right?, see?; I see
с трудо́м	with difficulty
Он с трудо́м понима́ет по-ру́сски.	He finds it hard to understand Russian.
не сто́ит труда́	it isn't worth it
не́ за что	that's all right, don't mention it
напра́сно	in vain
ина́че	otherwise
а (не) то	or, or else
одна́ко	however, though

впро́чем	however, though, nevertheless
вдоба́вок	besides, in addition
тем не ме́нее	nevertheless
всё же/всё-таки	all the same, still, even so
всё равно́	(it's) all the same, in any case

во вся́ком слу́чае	in any case, anyway
по кра́йней ме́ре	at least
ме́жду на́ми (говоря́)	between you and me
ме́жду про́чим	by the way; in passing
в са́мом де́ле	indeed, really
в чём де́ло?	what's the matter/trouble?
де́ло в том, что	the trouble/point/thing is that

147

вре́мя *n.* (вре́мени вре́менем; *pl.* времена́ времён времена́м)	time
век (*pl.* –а́ –о́в)	century
год	year
в 1991* году́	in 1991
в про́шлом/э́том/бу́дущем году́	last/this/next year
оди́н год / 2, 3, 4 го́да / 5, 6 … лет/мно́го лет / ско́лько лет	one year /2, 3, 4 years/ 5, 6 … years / many years / how many years
Ско́лько вам лет?	How old are you?
Мне 24 го́да / 25 лет.	I'm 24/25.
полго́да	six months
настоя́щий	present
про́шлое (–лого)	the past
бу́дущее (–его)	the future

* ты́сяча девятьсо́т девяно́сто пе́рвом

148

времена́ го́да	the seasons
весна́	spring
весно́й	in spring
весе́нний	spring (*adj.*)
ле́то	summer
ле́том	in summer
ле́тний	summer (*adj.*)
о́сень *f.*	autumn
о́сенью	in autumn
осе́нний	autumn (*adj.*)
зима́	winter
зимо́й	in winter

зи́мний	winter (*adj.*)
ме́сяц	month
в про́шлом/э́том/бу́дущем ме́сяце	last/this/next month

янва́рь *m.* (января́)	January
февра́ль *m.* (февраля́)	February
март	March
апре́ль *m.*	April
май	May
ию́нь *m.*	June
ию́ль *m.*	July
а́вгуст	August
сентя́брь *m.* (сентября́)	September
октя́брь *m.* (октября́)	October
ноя́брь *m.* (ноября́)	November
дека́брь *m.* (декабря́)	December

неде́ля	week
две неде́ли	fortnight
на про́шлой/э́той/бу́дущей неде́ле	last/this/next week
день *m.* (дня)	day
в пе́рвый день	on the first day
на сле́дующий день	the next day
днём	during the daytime; in the afternoon
понеде́льник	Monday
вто́рник (во вто́рник)	Tuesday
среда́ (в сре́ду)	Wednesday
четве́рг (четверга́)	Thursday
пя́тница	Friday
суббо́та	Saturday
воскресе́нье	Sunday

151

Како́е сего́дня число́?	What is the date today?
Сего́дня пе́рвое января́ 1991* го́да	Today is the first of January 1991
пе́рвого января́	on the first of January
у́тро (у́тра, *but* с/до утра́)	morning
у́тром	in the morning
по утра́м	in the mornings
у́тренний	morning (*adj.*)
ве́чер (*pl.* –а́ –о́в)	evening
ве́чером	in the evening
по вечера́м	in the evenings
вече́рний	evening (*adj.*)
ночь *f.* (*pl.* –и –е́й)	night
но́чью	at night, during the night

* ты́сяча девятьсо́т девяно́сто пе́рвого

152

вчера́	yesterday
сего́дня (*pr.* –во–)	today
за́втра	tomorrow
одна́жды	once, one day
вчера́ у́тром/сего́дня ве́чером	yesterday morning / this evening
одна́жды ве́чером, *etc.*	one evening, etc.
час (ча́са, *but* часа́ *after numbers; pl.* –ы́ –о́в)	hour
че́тверть ча́са	a quarter of an hour
полчаса́	half an hour
мину́та	minute
секу́нда	second
Кото́рый час? / Ско́лько вре́мени?	What time is it?
В кото́ром часу́?/Во ско́лько?	(At) what time?

153

по́лночь *f.* (полу́ночи)	midnight
час / 2, 3 часа́ но́чи	one / 2, 3 a.m.

4 часа́ / 5, 6 . . . часо́в утра́	4/5, 6 . . . a.m.
по́лдень *m.* (полу́дня)	midday, noon
час/ 2, 3, 4 часа́ / 5 часо́в дня	one/2, 3, 4/5 p.m.
6, 7. . . часо́в ве́чера	6, 7 . . . p. m.
(в) час	(at) one o'clock
(в) 5,10, 20, 25 мину́т второ́го	(at) 5, 10, 20, 25 past one
(в) че́тверть второ́го	(at) a quarter past one
полови́на (в полови́не)	half (at half) past one
второ́го	
(*or* полвторо́го)	
без двадцати́ пяти́/десяти́	(at) twenty-five / ten to two
мину́т два	
без че́тверти два	(at) a quarter to two
(в) два часа́	(at) two o'clock

154

нача́ло	beginning, start
в нача́ле	at the beginning
коне́ц (конца́)	end
в конце́	at the end
середи́на	middle
в середи́не	in the middle
снача́ла	at first, first; from the start
спе́рва́	at first, first
впервы́е	for the first time
наконе́ц	at last, finally
в конце́ концо́в	in the end, eventually, after all
опя́ть	again, once more
сно́ва	again, over again
ещё (раз)	(once) more, again

155

ско́лько вре́мени?	how long?
сра́зу	at once, straight away
ско́ро (*comp.* скоре́е)	quickly, fast; soon, shortly
бы́стро (*comp.* быстре́е)	quickly, fast
ме́дленно	slowly
вдруг	suddenly
во́время	in/on time, at the right time

вме́сте	together
ра́но	early
ра́ньше	earlier; before, previously
по́здно	late
по́зже	later, later on
пора́	it is time
пора́ домо́й	it's time to go home

156

пре́жде	before, previously
тогда́	then, at that time
пото́м	then, next; afterwards, later (on)
зате́м	then, next, after that
спустя́ (+ A.)	later, after
сейча́с	now, straight away; in a moment
тепе́рь	now, at the moment, nowadays
до́лго	for (during) a long time
задо́лго (за + A.)	for a long time (before sth.)
надо́лго	for a long time (to come)
ненадо́лго	not for long

157

давно́	a long time ago; for (since) a long time
Я давно́ живу́ в э́том до́ме.	I've been living in this house for a long time (now).
неда́вно	recently, not long ago
(тому́) наза́д	ago
всегда́	always
обыкнове́нно/обы́чно	usually, generally
как обы́чно	as usual
ча́сто (comp. ча́ще)	often, frequently
иногда́	sometimes
вре́мя от вре́мени	from time to time
ре́дко (comp. ре́же)	rarely, not very often
никогда́ (не)	never

158

большо́й (вели́к велика́/–ки́;
  сотр. бо́льше, бо́льший)
	big, large
	  (*short forms also* too big)

ма́ленький (мал мала́/–ы;
  сотр. ме́ньше ме́ньший)
	little, small
	  (*short forms also* too small)

небольшо́й	not very big, little, small
огро́мный	huge, enormous
дли́нный (дли́нен длинна́)	long (*short forms also* too long)
длина́	length
длино́й в три ме́тра	three metres long

коро́ткий (коро́ток –тка́ –тки́;
  сотр. коро́че)
	short
	  (*short forms also* too short)

глубо́кий (*сотр.* глу́бже)	deep
глубина́	depth

159

высо́кий (*сотр.* вы́ше)	high, tall
высоко́	high (*adv.*)
высота́	height
высото́й в два ме́тра	two metres high/tall
ни́зкий (*сотр.* ни́же)	low
вы́сший/ни́зший	higher/lower (*education, etc.*)

широ́кий (–о́к –ока́;
  сотр. ши́ре)
	wide, broad
	  (*short forms also* too wide)

ширина́	width

у́зкий (у́зок узка́ у́зки;
  сотр. у́же)
	narrow (*short forms also*
	  too narrow/tight)

далеко́ (*сотр.* да́льше)	a long way (away) (*comp.* further)
бли́зко (*сотр.* бли́же)	near, close
недалеко́	not far (away)

160

прямо́й	straight
пря́мо	straight (*adv.*)
кру́глый	round
круто́й (*сотр.* кру́че)	steep

гла́дкий (*comp.* гла́же)	smooth
ро́вный	flat, level, even
густо́й (*comp.* гу́ще)	thick, dense
то́лстый (*comp.* то́лще)	thick, fat
то́нкий (*comp.* то́ньше)	thin
по́лный (по́лон полна́ по́лны)	full
пусто́й	empty

161

центр	centre
бок (на боку́; *pl.* –а́ –о́в)	side (*surface*)
у́гол (угла́; на/в углу́)	corner, angle
ве́рхний	upper, top
ни́жний	lower, bottom
ле́вый	left
пра́вый	right
нале́во	left, to/on the left
сле́ва	from/on the left
напра́во	right, to/on the right
спра́ва	from/on the right

162

вверх	up, upwards
наве́рх	up, upwards, upstairs
наверху́	upstairs (*position*)
вниз	down, downwards, down-stairs
внизу́	downstairs, below, at the bottom
вперёд	forward(s)
впереди́	in front, ahead
наза́д	backwards, back
позади́/сза́ди	behind
сторона́ (сто́рону стороны́)	side (*direction, area*)
направле́ние	direction
по направле́нию к (+ *D.*)	in the direction of, towards

ме́сто (*pl.* места́)	place, spot
положе́ние	position, situation
расстоя́ние	distance
се́вер (*use* на)	north
юг (*use* на)	south
восто́к (*use* на)	east
за́пад (*use* на)	west
к се́веру от (+ *G.*), *etc.*	(to the) north of, *etc.*
се́верный	north (*adj.*)
ю́жный	south (*adj.*)
восто́чный	east (*adj.*)
за́падный	west (*adj.*)

там	there (*in that place*)
туда́	there (*to that place*)
отту́да	from there
здесь/тут	here (*in this place*)
сюда́	here (*to this place*)
отсю́да	from here
где	where (*in what place*)
куда́	where (to)
отку́да	where from
везде́/всю́ду	everywhere, all over

тяжёлый (*comp.* тяжеле́е)	heavy
тяжело́	it is heavy
лёгкий (*comp.* ле́гче;	light
–г– *pr.* –х–)	
легко́	it is light
вес	weight
ве́сом в три кило́	three kilos (in weight)
Ско́лько ве́сит?	How much does it weigh?
кило́ (*n. indec.*)	kilo
грамм (*G. pl.* грамм)	gram
фунт	pound

киломе́тр	kilometre
метр	metre
литр	litre

166

бо́лее	more
ме́нее	less
са́мый	most, –est
так	such, so (*with adv. or short adj.*)
тако́й	such, so (*with noun or long adj.*)
как	how (*with adv. or short adj.*)
како́й	how (*with long adj.*)
как раз	just, exactly
то́чно	exactly, correctly, punctually
ро́вно	exactly, sharp
то́лько что	(only) just (*with past tense*)

167

то́лько	only
да́же	even
слегка́ (*pr.* –хк–)	slightly
немно́го/немно́жко	a little/somewhat, slightly
дово́льно	rather, fairly, quite
доста́точно	enough, sufficiently
приблизи́тельно	approximately, roughly, about
о́чень	very, very much
осо́бенно	especially, particularly
сли́шком	too (*+ adj. or adv.*)
скоре́е	rather, sooner

168

не	not
ни (оди́н) (не)	not a single, no
никогда́ (не)	never, not ever
нигде́ (не)	nowhere, not anywhere (*in no place*)

никуда́ (не)	nowhere, not anywhere (*to no place*)
ника́к (не)	in no way, by no means
совсе́м	quite, completely
совсе́м не	not at all
не совсе́м	not entirely
едва́	hardly, scarcely, barely
едва́ ... как ...	hardly ... when ... / no sooner ... than ...
едва́ не	(very) nearly
почти́	almost, nearly
почти́ не	hardly

169

ещё	still; again
ещё не	not yet (+ *verb*)
ещё нет	not yet
уже́ (уж)	already
уже́ не	no longer (+ *verb*)
уже́ нет	no longer
бо́льше не	no more, not any more (+ *verb*)
бо́льше нет	no more, not any more
то́же	also, too, as well (*similarly*)
то́же не	not either (+ *verb*)
та́юже	also, too, as well (*in addition*)
та́юже не	not either (+ *verb*)
пусть	let (*used in 3rd. person commands*)
вот	here is/are, there is/are; look, see
ведь	you know, you see, surely
же (ж)	(*emphasises the previous word; compare English use of italics*)

170

а	but/and (while)
но	but

и	and
да	and, too, into the bargain
или	or
и ... и ...	both ... and ...
ни ... ни ...	neither ... nor ...
или ... или ...	either ... or ...
поэ́тому	and so, therefore
ита́к	so, and so
как	*(used as below)*
Слы́шно бы́ло, как он игра́л на скри́пке.	He could be heard playing his violin.
что	that *(conjunction)*

171

что (чего́ чему́ чем чём; *pr.* што)	what *(pron.)*
то, что	what *(especially after preps.)*
кто (кого́ кому́ кем ком)	who (whom, *etc.*; *pron.*)
кото́рый	who, what, which, that *(adj./pron.)*
чей чьё чья; чьи (чьего́, чьей, *etc.*)	whose *(interrog.)*
како́й	what *(adj.)*
ничего́ (ни о чём, *etc.*) (не)	nothing, not anything
никто́ (никого́, *etc.*) (не)	no-one, nobody, not anyone/ anybody
ниче́й	no-one's, nobody's, not any- one's/anybody's
никако́й (не)	none, not any, no

172

что́-то/что́-нибудь	something/anything
кто́-то/кто́-нибудь	someone/anyone
где́-то/где́-нибудь	somewhere/anywhere *(in some place)*
куда́-то/куда́-нибудь	somewhere/anywhere *(to some place)*
когда́-то/когда́-нибудь	some time, once/at any time, ever

ка́к-то/ка́к-нибудь	somehow/somehow or other
како́й-то/како́й-нибудь	some/any
как	1. as, like
	2. how
каки́м о́бразом	how, in what way
так	thus, so, like this
таки́м о́бразом	in this way, thus

173

е́сли	if
е́сли не	if not, unless
то	then (*after an "if" clause*)
ли	whether, if
чем	than
(как) бу́дто	as if, as though
как то́лько	as soon as
когда́	when
пока́	while
пока́ не	until
в то вре́мя как	while, whereas
так как	as, since
хотя́	although, though
потому́ что	because

174

почему́	why, what for
	(*for what reason*)
заче́м	what for, why
	(*with what purpose*)
бы (б)	(*particle used in cond./subj.*)
что́бы (чтоб)	in order to/that,
	so as to/that, to
для того́, что́бы	in order to/that
вме́сто того́, что́бы	instead of
пе́ред тем, как	(just) before (*doing sth.*)
пре́жде чем	before (*doing sth.*)
по́сле того́, как	after (*doing sth.*)
вся́кий раз как/когда́	every time that, whenever
с тех пор, как	since (the time that)

71

175

я (меня мне мной; во/ко/обо мне, со мной, *etc.*)	I (me, *etc.*)
ты (тебя тебе тобой)	you (*s.*)
он (его ему им нём, у него, *etc.*)	he, it (him, *etc.*)
она (её ей ней; у неё, *etc.*)	she, it (her, *etc.*)
оно (его ему им нём; у него, *etc.*)	it
мы (нас нам нами)	we (us, *etc.*)
вы (вас вам вами)	you (*pl. and polite s.*)
они (их им ими них; у них, *etc.*)	they (them, *etc.*)
мы с тобой, *etc.*	you and I, *etc.*
его	his, its
её	her, its; hers
их	their; theirs

176

свой своё своя; свой (своего/ своей, *etc.*; своих, *etc.*)	one's own, my, your, *etc.* (*refers back to the subject*)
мой моё моя, *etc.*	my; mine
твой твоё твоя, *etc.*	your; yours
наш наше наша; наши (нашего/нашей, *etc.*; наших, *etc.*)	our; ours
ваш ваше ваша ,*etc.*	your; yours
себя (себе собой)	oneself, myself, yourself, *etc.* (*reflexive*)
сам само сама; сами (самого/самое, самой; самих, *etc.*)	oneself, myself, yourself, *etc.* (*emphatic*)
этот это эта; эти (этого/этой, *etc.*, этих, *etc.*)	this, that (*pl.* these, those)
это	this, that, these, those, it (*used as an introductory word*)

тот то та; те	that *pl.* those), the one
(того́/ту, той, *etc.*; тех, *etc.*)	
не тот	the wrong (one)
тот же (са́мый)	the (very) same
са́мый	the very; right (*with preps.*)

177

друго́й	other, another, different
остально́й	the rest of
чужо́й	somebody else's, other people's
ра́зный	various, different
ра́зница	difference
весь всё вся; все	all, the whole (of)
(всего́/всю всей, *etc.*;	
всех, *etc.*)	
всё	everything, all
все	everyone, all
це́лый	whole, entire
вся́кий	any (every), anyone (every-one)
ка́ждый	every, each
друг дру́га	each other, one another
(друг с дру́гом, *etc.*)	

178

ви́дно	one can see
ви́дно бы́ло, как они́ рабо́тали	we could see them working
слы́шно	one can hear
слы́шно бы́ло, как они́ пе́ли	we could hear them singing
жаль (бы́ло)	it is (was) a pity
изве́стно	it is well-known, we know
пра́вда	it is true
э́то пра́вда	that's true
не пра́вда ли?	isn't it? aren't they? *etc.*
не́когда (бы́ло)	there is (was) no time
мне не́когда	I haven't the time
не́где (бы́ло)	there is (was) nowhere (*to be in*)

éкуда (бы́ло)	there is (was) nowhere (*to go to*)
не́чего (не́чему, не́ о чем, *etc.*)	1. there is nothing
(*or* не́зачем *in sense* 2.)	2. there is no reason/point in
хва́тит/хвати́ло	there is/was enough
(*used as below*)	
э́того хва́тит	this is enough/will do

179

быва́ет/быва́ло	it happens/happened
ка́жется/каза́лось	it seems/seemed
оказа́лось	it turned out/appeared
возмо́жно	it is possible, it may be
невозмо́жно	it is impossible, it can't be
мо́жно (бы́ло)	one may (might), one can (could)
мо́жно кури́ть?	may I smoke?
им мо́жно войти́	they can come in
как мо́жно скоре́е	as soon/quickly as possible
нельзя́ (бы́ло)	one can't, may not, mustn't, isn't allowed to (one couldn't, *etc.*)
нельзя́ кури́ть	no smoking
нам нельзя́	we can't/mustn't
на́до (бы́ло)	
ну́жно (бы́ло)	one must, has to (had to)
прихо́дится (приходи́лось/ пришло́сь; придётся)	
мне на́до рабо́тать	I must/have got to work
кури́ть не на́до	one shouldn't smoke

180

мне жа́рко	I'm hot
мне тепло́	I'm warm
мне хо́лодно	I'm cold
мне ску́чно (*pr.* –шн–)	I'm bored
мне хо́чется есть/пить/спать	I'm hungry/thirsty/sleepy, I feel ...
(хоте́лось, захоте́лось)	(I was, I felt)

мне удало́сь	I was lucky, I succeeded in/ managed to
мне нра́вится (нра́вилось)	I like (liked) to, I enjoy(ed) doing
мне случа́ется	It happens that I ..., I sometimes ...
(случа́лось, случи́лось)	(happened)
мне лу́чше	I would rather, I prefer

я рад	I'm glad
я за́нят (–а́; они́ за́няты)	I'm busy/occupied
я свобо́ден (–дна)	I'm free
я гото́в	I'm ready
я согла́сен (–сна)	I agree
я прав/непра́в (–а́; они́ [не] пра́вы)	I'm right/wrong
я уве́рен	I'm sure/certain
я похо́ж (на + A.)	I'm like, look like
я наме́рен	I intend
я до́лжен (–жна́; они́ должны́)	I must
я до́лжен был	I had to
он мне знако́м	I know him
он (она́/они́) мне ну́жен (–жна́/жны)	I need/want him (her/them)

оди́н (see 188)	one
два (see 188)	two
три (трёх тремя́)	three
четы́ре (четырёх четырьмя́)	four
пять (пяти́)	five
шесть (шести́)	six
семь (семи́)	seven
во́семь (восьми́)	eight
де́вять (девяти́)	nine
де́сять (десяти́)	ten

183

оди́ннадцать (–ти)	eleven
двена́дцать (–ти)	twelve
трина́дцать (–ти)	thirteen
четы́рнадцать (–ти)	fourteen
пятна́дцать (–ти)	fifteen
шестна́дцать (–ти)	sixteen
семна́дцать (–ти)	seventeen
восемна́дцать (–ти)	eighteen
девятна́дцать (–ти)	nineteen
два́дцать (двадцати́)	twenty

184

два́дцать оди́н, *etc.*	twenty one, *etc.*
три́дцать (тридцати́)	thirty
со́рок (сорока́)	forty
пятьдеся́т (пяти́десяти)	fifty
шестьдеся́т (шести́десяти)	sixty
се́мьдесят (семи́десяти)	seventy
во́семьдесят (восьми́десяти)	eighty
девяно́сто (девяно́ста)	ninety
сто (ста)	a hundred

185

две́сти	two hundred
три́ста	three hundred
четы́реста	four hundred
пятьсо́т	five hundred
шестьсо́т	six hundred
семьсо́т	seven hundred
восемьсо́т	eight hundred
девятьсо́т	nine hundred
ты́сяча	a thousand
две ты́сячи/пять ты́сяч, *etc.*	two thousand / five thousand, *etc.*
миллио́н	a million

пе́рвый	first
второ́й	second
тре́тий тре́тье тре́тья (тре́тьего, *etc.*)	third
четвёртый	fourth
пя́тый	fifth
шесто́й	sixth
седьмо́й	seventh
восьмо́й	eighth
девя́тый	ninth
деся́тый	tenth

оди́ннадцатый	eleventh
двена́дцатый, *etc.*	twelfth, *etc.*
двадца́тый	twentieth
два́дцать пе́рвый, *etc.*	twenty first, *etc.*
тридца́тый	thirtieth
сороково́й	fortieth
пятидеся́тый	fiftieth
шестидеся́тый	sixtieth
семидеся́тый	seventieth
восьмидеся́тый	eightieth
девяно́стый	ninetieth
со́тый	hundredth

оди́н одно́ одна́; одни́ (одного́ *etc.*; одну́/одно́й *etc.*; одни́х *etc.*)	one (*pl.* some)
оди́н ма́льчик/одна́ де́вочка	one boy/one girl
два два две (двух двумя́)	two
два ма́льчика / две де́вочки	two boys / two girls
о́ба о́ба о́бе (обо́их/обе́их)	both
о́ба ма́льчика / о́бе де́вочки	both boys / both girls
три/четы́ре ма́льчика/ де́вочки	three/four boys/girls

пять/шесть ... мáльчиков/ дéвочек	five/six ... boys/girls
21 мáльчик / 22 мáльчика / 25 мáльчиков	21 boys / 22 boys / 25 boys
двóе/трóе/чéтверо	two/three/four (*used where pl. is essential*)
Нас бы́ло двóе ...	There were two ... of us.
двóе ... часóв	two ... clocks/watches
полторá (полýтора)	one and a half
полторá часá	an hour and a half

189

ряд (два рядá; в рядý; *pl.* –ы́ –óв)	row, series
раз/два рáза/пять раз	once/twice/five times
послéдний	last
кусóк (кускá)	piece, bit, lump
часть *f.* (*pl.* –ти тéй)	part
половúна	half
чéтверть *f.* (*pl.* –ти –тéй)	quarter
остáток (остáтка)	remainder, the rest
нуль *m.* (нуля́)	nought
числó	number, amount
колúчество	quantity, amount

190

мнóго (*сотр.* бóльше)	much, many, a lot, plenty (*comp.* more)
мнóго (бóльше) воды́/книг	a lot of (more) water/books
мáло (*сотр.* мéньше)	little, few, not many/much (*comp.* less)
мáло (мéньше) воды́/книг	not much (less) water / not many (less, fewer) books
немнóго (*or* немнóжко)	a little, a few, some
немнóго (немнóжко) воды́/ немнóго книг	a little water / a few books
нéсколько	several, a few, some
нéсколько книг	several books

не́которые	some (certain)
Не́которые ду́мают, что ...	Some think that ...
ско́лько (+ G.)	how much, how many
сто́лько (+ G.)	so much, so many
большинство́ (+ G.)	the majority, most (of)
доста́точно (+ G.)	enough

191

без (+ G.)	1. without
	2. to (*the hour*)
в (во)	1. (+ A.) into, in; to; at (*a time*); on (*a day*)
	2. (+ P.) in, at (*a place*); in (*year, month*)
	3. (+ A.) a, per (*hour, etc.*)
для (+ G.)	for (*the use of / the sake of*)
до (+ G.)	1. as far as, up to
	2. up till, until; before
за	1. (+ A. *motion* / I. *position*) behind, the other side of, over; at (*meal, table, etc.*)
	2. (+ A.) for (*exchange, on behalf*); at, to (*meal, table, etc.*)
	3. (+ I.) for (*idea of fetching*)
что (э́то/он) за (+ N.)	what kind / sort of ...?, what ...!
из (+ G.)	out of, from

192

к (ко; + D.)	towards, up to; to (*sb.*)
к врачу́	to the doctor's
кро́ме (+ G.)	1. except
	2. as well as
ме́жду (+ I.)	between
на	1. (+ A.) onto, on; to*
	2. (+ P.) on; at, in*
	3. (+ A.) for (*period to come*)
	4. (+ P.) by (*car, plane, etc.*)

* *used instead of* в *before certain nouns*

над (+ *I.*)	over, above
о (об, обо; + *P.*)	about, concerning, of

193

от (+ *G.*)	from, away from (*motion*); from (*of receiving, etc.*)
перед (+ *I.*)	1. in front of 2. (just) before
по (+ *D.*)	1. along (*the surface of*) 2. over, on (*ice, grass*) 3. round, through (*town, etc.*) 4. by (*rail, post*) 5. on (*radio, phone*) 6. in, on (*mornings, Mondays, etc.*) 7. according to
под (+ *A./I.*)	under (*motion/position*)
при (+ *P.*)	1. in the presence of, with 2. on (*town on river*), at (*live at school, etc.*)
про (+ *A.*)	1. about, concerning, of 2. to (*read to oneself, etc.*)

194

ради (+ *G.*)	for the sake of, for ... sake
с (со)	1. (+ *G.*) from, off, down from (*also used for* из *where* на *is used for* в) 2. (+ *G.*) since 3. (+ *I.*) with
хлеб с маслом	bread and butter
мы с тобой	you and I
среди (+ *G.*)	1. among 2. in the middle of
у (+ *G.*)	1. by, at (near) 2. with (*at the house of*)
у врача	at the doctor's
через	1. over, across 2. through

через неде́лю	after a week, in a week('s time)
из-за (+ G.)	1. up from (*table*) 2. because of
из-под (+ G.)	from under
буты́лка из-под молока́	(empty) milk-bottle

195

вдоль (+ G.)	along (by the side of)
во́зле (+ G.)	beside, near, next to
вокру́г (+ G.)	round, around, about (*in a circle*)
впереди́ (+ G.)	in front of, before
круго́м (+ G.)	round, around, about (*in a circle*)
ми́мо (+ G.)	past, by (*motion*)
навстре́чу (+ D.)	towards, to meet
напро́тив (+ G.)	facing, opposite
о́коло (+ G.)	1. near, close to 2. about, around (round about)
позади́ (+ G.)	behind, after (*position*)

196

по́сле (+ G.)	after (*a time*)
пре́жде (+ G.)	before, earlier than
про́тив (+ G.)	1. against 2. facing, opposite
сза́ди (+ G.)	(from) behind
сквозь (+ A.)	through (*especially of seeing through*)
вме́сто (+ G.)	instead of
вро́де (+ G.)	like (*of the same kind as*)
всле́дствие (+ G.)	as a result of
в тече́ние (+ G.)	during (*throughout*)
во вре́мя (+ G.)	during (*in*)

благодаря (+ *D.*)	thanks to, owing to
не считая (+ *G.*)	not counting, apart from
спустя (+ *A.*)	later, after
вместе с (+ *I.*)	together with
рядом с (+ *I.*)	next to, beside, next door to, by ... side
по сравнению с (+ *I.*)	in comparison/compared with
в ответ на (+ *A.*)	in answer/reply to
несмотря на (+ *A.*)	in spite of
близко от (+ *G.*)	near
(не)далеко от (+ *G.*)	(not very) far from, (not) a long way from

198

без-/бес-	without, –less, in–, un–, dis-
безопасный	safe (*without danger*)
беспокойный	anxious, uneasy, restless
в-/во-	in, into, to, in–, im–
впечатление	impression
вз-/воз-/вс-/вос-	up
взлетать/взлететь (взлетит)	to take off (*fly up*)
воспитание	education (*upbringing*)
всходить/взойти (*see* 46)	to climb (*go up*)
вы-	out, ex– (*note that this prefix is always stressed in pf. verbs*)
выступать/выступить (–плю –пишь)	to speak (*at a meeting; to step out*)
выражение	expression
до-	up to, as far as, till, pre–
догонять/догнать (–гоню –гонишь)	to catch up with, overtake (*chase as far as*)
за-	1. the other side of, over
заграничный	foreign (*beyond the frontier*)
	2. purpose, fetch, for

забега́ть/забежа́ть
(–егу́ –ежи́шь)
запла́кать (*see* 129)
запе́ть (запою́ запоёшь)

to drop round (*for sb.*)
3. begin, start (*in pfs.*)
to start crying
to burst into song

199

на–
наезжа́ть/нае́хать (–е́ду
–е́дешь)

1. upon, on, meet
to run over, collide with
(*meet in driving*)

наноси́ть/нанести́ (на +
носи́ть/нести́, *see* 45)

2. a certain quantity
to bring (*an amount of*)

не–
неожи́данный
несча́стный
неве́жливый
о–/об–/обо–
обходи́ть/обойти́ (об +
ходи́ть; обойду́, *etc.*;
обошёл)
от–/ото–
отсу́тствие
отодвига́ть/отодви́нуть
(–ну –нешь)
пере–/пре–
передава́ть/переда́ть (пере-
+ дава́ть/да́ть, *but* пе́ре-
дал/–и)

not, un–, in–, dis–
sudden, unexpected
unhappy, unfortunate
rude, impolite
round, about
to skirt, flank, avoid (*go
round*)

away (from)
absence (*being away from*)
to push/move aside (away)

1. across, over, trans–; interact
to pass (hand over)

перечита́ть (*pf.*)

2. again, afresh, re–
to re-read, read through/
again
3. too much, over–, sur–
crowded, packed (*over-full*)

перепо́лненный (–нен)
по–
поста́вить (*see* 51)

1. completion (*as in pf. verbs*)
to put, place, stand
2. beginning of an action

По́езд пошёл.

The train went (began to
go).
3. for a while

порабо́тать (*pf.*)

to do a bit of work

по-брáтски
по-прéжнему

чтó-нибудь полýчше
ктó-нибудь постáрше

200

под–/подо–
подвóдная лóдка

подходи́ть/подойти́ (see 46)
при–
прису́тствие

приплывáть/приплы́ть
(–ывý –ывёшь)
приводи́ть/привести́
в ýжас
(при + води́ть/вести́, see
45)
про–
прорабóтать всю ночь

проходи́ть/пройти́ (see 46)

Как проéхать тудá?
раз–/рас–
раздавáть/раздáть (раз +
давáть/дáть, but рóз-
дал/–и)
расходи́ться/разойти́сь
(расхóдятся; разойду́т-
ся; разошли́сь)
с–/со–
сочу́вствие

4. like, in the manner of
   like a brother
   as before
5. rather, a little (used with
   comp.)
   something a bit better
   someone a bit older

1. under, sub–
   submarine (underwater
   boat)
2. approaching a place
   to approach
1. present
   presence (being present)
2. motion and arrival
   to arrive (of boats; to sail in)

   to horrify (bring to horror)

1. through
   to work all (through the)
   night
2. past, by
   to pass, go past/by
3. journey from A to B
   How do I get there?
apart, un–, dis–, di–
   to distribute (give apart)

   to separate, disperse (go
   apart)

1. with, con–, sym–
   sympathy (feeling with)
2. from, down, off, un–

слеза́ть/слезть (–зу –зешь; слез слёзла)   to climb/get off/down from
3. round trip

Я сходи́л в теа́тр за биле́тами.   I went (round) to the theatre for the tickets.

у–   departure and motion, away, absence

увози́ть/увезти́ (у + вози́ть/везти́, *see* 45)   to take/drive away